OSHO

愛的力量

如何找到真正的愛，並保有自由?!

THE POWER OF LOVE

one of the most inspiring spiritual teachers of our time

真正的愛是什麼？
問題不在於你愛的對象 在於如何讓你自己就是愛。

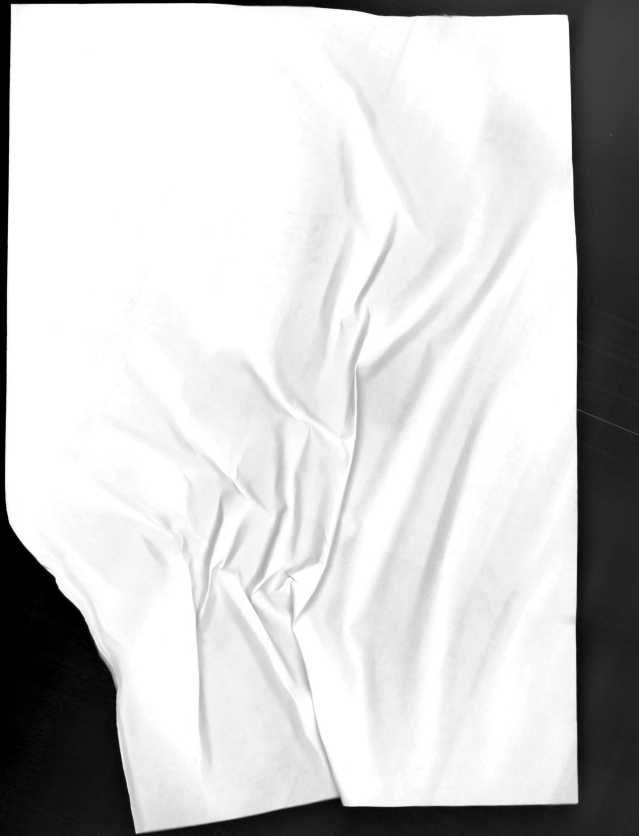

目次

前言

只有愛能夠讓人具有創意。只有愛能夠讓人開始洋溢流動進入存在裡，因為只有在愛裡，人開始擁有一些可以分享的東西。一個還不知道愛的人沒有辦法具有創造性，他只會是具摧毀性的。那是同樣的一股能量——跟愛有所連結，它就變得具有創造性；與愛分離，它就變得具有摧毀性。

這個世界可以成為一個全然不同的地方，如果人們能夠獲得允許去愛，不受阻礙地去愛。如果人們能夠處在一種愛的氣氛裡，待在愛的環境裡，成長為一個具有愛意的人，那麼這個世界可以變成天堂。世界大戰是不會消失的，除非我們能夠釋出愛的能量。現在，只有愛的能量能夠讓人類的未來擁有存活的可能性。只有愛的爆發能夠成為原子彈爆發的解毒劑；否則人類每天都越來越接近一種宇宙性的自殺。

我們已經遺忘了如何去愛，我們已經創造了這麼多毀滅性的武器，除非愛的奇蹟發生在這個地球上，否則人類幾乎難以存活下來。現在人類面臨的處境就像這樣：在一個充滿了各種彈藥的房間裡，你給了一個孩子一盒火柴讓他在裡面玩耍。你希望不會有任何糟糕的事情發生，但是它發生的可能性很大——因為那裡有著火柴，那裡有著孩子，有著孩子的好奇心。他會打開火柴盒，他沒有辦法抗拒。他會嘗試用那些火柴來做些什麼，他沒有辦法抗拒。而爆炸性的火藥充滿了整個房間。要避免意外幾乎是不可能的事情。

這就是目前的情況：就心而言，人類幾乎是遲鈍的，然而他卻擁有像科學所帶來的巨大力量。除非，我們能夠釋出等量的力量，等量的人類之愛——那份詩意，那份享受、生活與慶祝的能力——不然人類是不可能存活下去的。

但是最根本的一件事是：每當你發現一個具有破壞性的人，不要對他生氣。而是為他感到遺憾。甚至連希特勒這樣的人都是如此；他們需要慈悲。他們的能量已經變酸臭、苦澀以及毒化，因為某種程度來說，他們都錯過了愛。但是現今的社會製造憎恨，而阻礙愛。它製造競爭而阻礙友情。它教導你如何戰鬥，卻從來不曾教導你如何成為朋友。

我在這裡的整個努力在於釋放你愛的源頭，點燃你愛的火焰。一旦愛出現了，那麼它會照顧一切；那麼你的生命會開始擁有它自己的創意。

第一章　第一眼的愛，明智的最後一眼

愛應該是不可言說的。愛不應該是朝向他人的。朝向他人的愛不是真正的愛；關係式的愛不是真正的愛。作為一種存在狀態的愛才是真正的愛。你可以愛女人，你可以愛男人，你可以愛自己的孩子，你可以愛自己的父母，你可以愛玫瑰，可以愛其他花朵，可以愛一千零一種事物——但是這些全都是關係。

學習讓自己就是愛。所以問題不在於你愛的對象是誰，而純粹是你就是愛。單獨地坐著，愛仍然不斷地流動。絕對地單獨、靜止，你能做什麼呢？當你呼吸時……你不會為你的妻子呼吸；那不是一種關係。你不會為你的孩子呼吸；那不是一種關係。你就只是呼吸著——那是生命。就像是呼吸是身體的生命力，愛是靈魂的生命力——你就是愛。也唯有如此，你才會發現愛就是「神」。

耶穌說：「神是愛。」而我要對你說：「愛是神。」這些字眼都是一樣的，但是其中的意涵非常不同。耶穌說：「神是愛。」這麼一來，愛變成只是神諸多品質中的其中一項；他也是智慧，他也是力量，也是裁判，以及許多其他事情。在所有這些品質裡，他也是愛。耶穌的話語在當時非常具有革命性，但是再也不是了。

我說：「愛是神。」這麼一來，這不是什麼神有多種品質的問題。事實上，神消失了——愛它自己變成了神。愛是真實的。神則是由神學家所提出來的名稱，而他們對神其實一無所知。沒有神這回事；這整個存在是由這種被稱為「愛」的物質所構成的。

問題　每個人都想要愛與被愛。為什麼？「第一眼的愛，明智的最後一眼。」這是真的嗎？

愛是正摸索著朝向神性的虔誠。愛是因為存在純然喜悅而誕生的詩。愛是歌曲、舞蹈與慶祝：一首感恩的歌曲，一支感謝的舞蹈，以及毫無理由的慶祝。愛不是你所了解的那個樣子，所以你才會有這個問題。

你問說：「每個人都想要愛與被愛。為什麼？」因為愛是來到最顛峰的宗教；愛是最極致的宗教。愛是對神性的追尋——當然，一開始的時候那是一種無意識的追尋，蹣跚前進，在黑暗裡摸索。它的方向可能是錯的，但是它所抱持的意圖卻是絕對正確的。

愛不是你目前所了解的普通事物；它並不只是男女之間的生理吸引。它確實是如此，但是那只是起點，只是第一步。但即使在那裡，如果你深入的檢視，你會發現它其實並不只是男女之間的吸引力；它是男性能量和女性能量之間的吸引力。它不是A和B之間的吸引力；即使在平凡的戀愛事件裡，其中的奧祕都要比你想像的來得深遠許多。

因此沒有人能夠定義愛。人們嘗試用上千種方式來定義愛，它們全都失敗了。愛仍然是無可定義的，難以捉摸、滑溜的。你越是想要抓住它，就越是感到困難，它溜的也越遠。你沒有辦法緊抓住它，你沒有辦法知道它確切是什麼。你沒有辦法控制它。愛始終是不可知的。人們想要了解它，因為知識帶來力量。你想要擁有凌駕於愛之上的力量，但是那是不可能的；愛遠比你來得更為高遠巨大。你沒有辦法占有它，你只能為它所占有；因此那些想要占有愛的人，永遠無法對愛有絲毫的了解。

只有那些有著足夠勇氣的人——只有那些賭徒，願意以生命為賭注，讓自己被某種未知力量所占據的人——才能夠知道愛是什麼。

愛是朝向神性的第一步。因此對於那些停滯在頭腦的人而言，它顯得瘋狂，他們不了解愛所具有的奧祕，他們試圖透過頭腦去理解……但是它只能透過心來領會。記住一點：所有重大有意義的事物只有心能夠領會。心是通往生命一切寶貴事物，所有終極價值的入口，而頭只是一個有用的機制，一個道具——在市集上管用，但是在廟宇中，它是全然的無用。而愛是一座廟宇，不是市集。如果你迫使愛進入市集，它會被縮減成為醜陋的性慾。

那就是人們所做的事情：與其把愛提升到神性，他們把愛貶損成為醜陋、動物性的性慾。而奇怪的是，這同樣的一群人——傳教士、政客、清教徒——這同樣一群把愛貶損為醜陋現象的人，他們也極度地反對性，他們把性視為敵人。他們這些人其實摧毀了一股充滿潛能的力量！愛是隱藏在污泥裡的蓮花。蓮花誕生於污泥，但是你無法因為它誕生於污泥而譴責它。你不會說蓮花是髒污的，你不會說它是污穢的。愛出於性而誕生，然後虔誠從愛裡誕生。然後神性又從虔誠中誕生。越來越高，越來越高，不斷地高飛。但是傳教士和清教徒把這整個現象貶損為性慾。而一旦愛變成了性，它就變得醜陋；它讓人們開始覺得有罪惡感。也因為這份罪惡感，所以這種說法和諺語出現了：「第一眼的愛，明智的最後一眼。」

如果你問我，我會稍微更改一下。我會說：「第一眼的愛，明智的第一眼。」

但是這取決於你是如何看待愛的。如果你看的是其中的潛能，你看到的是它所能夠到達的最高峰，那麼愛變成一個階梯。如果你只看到泥沼，而你完全盲目無視於泥沼的未來，那麼愛當然會變成某種醜陋的事物，你會極度反對它。但是反對愛，就是反對神性。

從蜜月回來時，麥克打電話給他正在上班的父親。

「兒子，我很高興聽到你的消息。來，告訴我，你的婚姻生活如何？」

「爸，我真的很沮喪。我想我取了一個修女。」

嚇了一跳的父親問：「一個修女？這什麼意思？」

「呃，你知道的，爸，早上不可以，晚上也不可以。」

老人不滿地哼了一聲說：「喔，這樣啊！週六回來家裡吃晚餐吧，我會介紹你認識女修道院的院長。」

一旦愛被縮減為只是性慾時，當然這時候，第一眼的愛會是明智的最後一眼。但是這是由你所決定的。為什麼要把愛縮減為性慾呢？何不把賤金屬蛻變成金子。何不學習愛的煉金術呢？這就是我在這裡所教導的。而那些傳教士，他們對愛一無所知——因為他們從來不曾愛過，他們已經放棄了愛的世界——不斷地製造出各種系統來反對它。

一個傳教士站在一群安靜又專注的村民面前，對他們說：「你們不應該吃避孕藥。」

一個可愛的女士往前站了出來，她說：「聽著，你不參與這個遊戲，你就不要制訂規則！」

這群人不參與這個遊戲，但是他們制訂規則。好幾個世紀以來，那些傳教士一直在制訂規則。全世界的僧侶和傳教士一直在譴責這個莫大的能量潛在源頭，事實上也是唯一的源頭。一旦它受到譴責，你也就受到譴責；你的整個人生都開始變得無意義。一旦性能量不被允許成長來到它自然的高峰，你的生命會是悲慘的。

愛是存在裡最偉大的禮物。學習它的藝術。學習它的歌曲，它的慶祝。它是絕對必要的。愛是靈魂的滋養，它是所有偉大事物的起點。它是通往神性的門。

問題　幫幫我！我要崩潰了！我的頭腦想要某些東西，我的心想要的是別的東西，而我的本性存在想要的又有所不同，我的身體想要的也不一樣。在決定世俗的事物時，它們彼此無法協調。我的頭腦、心、本性存在和身體從來不曾同意過一件事情。當我跟自己都無法是和諧的，我怎麼能夠跟這整個存在是和諧的呢？

我可以了解你的身體、你的頭腦和你的心彼此並不和諧。但是你的本性存在（being）……你只是聽過這個字眼，你對它還一無所知。如果你已經知道了自己的本性存在，所有一切都會馬上變得和諧。

本性存在擁有著莫大的力量，不論是心、頭腦還是身體都無法反對它。所以不要把本性存在和其他部分相提並論——因為它就是解決之道。你需要發現你的本性存在，當你現它的時候，你的整個人都會變得和諧。

現在，當你發現身體、頭腦和心不和諧的時候，先傾聽你的身體。沒有任何一個所謂聖人會對你說：先傾聽你的身體。身體有它自己的智慧，而且身體未曾受到傳教士的污染。身體未曾被你的老師、教育和父母所污染。從身體開始，因為現在，身體是你內在最純粹的部分。所以如果心跟頭腦反對它的話，讓它們走。你跟隨你的身體。身體是第一個和諧，而本性存在是最後一個。

爭戰永遠都發生在心跟頭之間。身體和本性存在之間從來不會有衝突——它們兩者都是自然的。身體是可見的自然，本性存在是不可見的自然，但是它們都是同一個現象裡的一部分。頭腦和心會有所衝突是因為頭腦會受到污染、敗壞——這就是所有宗教和文化一直在做的事情：腐敗你的頭腦。它們沒有辦法腐敗你的心。但是他們找到一種不同的方式來對待心：它們略過它，它們忽略它。它們不去滋養它；它們試著用各種方式來削弱它、譴責它。

所以事實上，你目前擁有的是你的頭，而它反對你的身體——因為所有的文化都反對身體——而身體卻是你的家。你的心是身體的一部分，你的頭也是身體的一部分——但是頭可能會受到影響、受到制約。心則不在人們所能觸及的範圍裡；只有你能夠接觸到它。

所以從身體開始——先跟隨你的身體。身體從來不會誤導你；你可以信任它，你可以絕對地信任它。所有一切對身體的反對都是他人加諸在你身上的，那是外來的。你需要把它們扔出去。這是一個很好的標準，讓你知道什麼是強加在你身上的。所有那些反對身體的都是強加在你身上的，是外來的。你需要丟掉它們。你的頭腦現在充滿了外來的元素；你的頭腦不在它自然的狀態裡。它有可能回到本來自然的狀態，這時候它不會反對身體；它會跟身體是和諧一致的。所以從身體開始，把它當成你的標準。

這是一個很簡單的過程；跟隨身體。慢慢地，慢慢地，頭腦會開始放下任何反對身體的想法。頭腦需要放掉這些。即使頭腦攜帶了這樣的概念，但是那是不自然的。這是那些已逝者以遺產形式所留給你的負擔。跟隨身體，然後你會很驚訝地發現自己第一次看到兩件事情。首先，頭會開始放掉制約。第二，當頭開始放掉制約時，你也會第一次開始聽到心平靜而細微的聲音，之前它被吵雜的頭腦所淹沒。現在頭開始稍微平靜了一些，寧靜了一些，因此你可以聽到心的聲音。

首先傾聽你的身體，好讓你頭腦裡那些粗劣的部分能夠消失，然後你會開始聽到你的心。心不反對身體，因為沒有人能夠制約你的心；從外在無法通往你的心。你會很訝異地發現你的心跟身體是和諧的。而當這種和諧出現時，頭腦變得完全無用，它不再有力量影響你。這時候，你了解了一種新的力量，更純粹、更自然、更真實的力量，然後頭腦甚至會放掉那些更細微的制約。

當頭腦變得寧靜，變得跟心和身體和諧一致時，就在那一天，你會發現你的本性存在——而不是在那之前。一旦你發現自己的本性存在，你就不需要試著讓事情變得和諧。光只是本性存在的臨在就足以讓一切變得和諧。這個經驗本身是如此地廣闊，以至於你的身體、你的心、你的頭腦，全都在這份廣闊的本性存在裡失去了它們的認同。但是從身體開始。

所有的宗教都說著相反的話語。他們說你要對抗身體，不要跟隨身體；身體是敵人。這是他們摧毀你的策略，因為他們帶走你最根本的元素，以至於你無法朝著和諧而成長。你會一直是不協調的、不和諧的。你永遠都無法知道自己的本性存在，你的一生只會感受到上千種苦悶、焦慮和緊繃。這些宗教已經給了你線索，他們是如何摧毀你的。讓你的頭腦去對抗身體就是他們的策略。

我要對你說：從身體開始。它是你的家。愛它，接納它，然後在這份愛裡，在這份接納裡，你會朝著和諧成長。這份和諧會帶領你來到自己的本性存在。一旦你發現了自己的本性存在，那麼你就從所有的努力中解脫出來了。和諧成為你自然的狀態——一個聲音，一個有機的整體。

問題　為什麼好幾個世紀以來，性一直是所有社會的禁忌？

這是一個非常複雜的問題，但是也非常的重要——值得深入其中。性是人身上最有力量的本能。那些政客和傳教士從一開始就知道性是人身上最有力量的驅力。它需要被削弱，它需要被斬斷；如果人在性方面擁有全然的自由，這麼一來沒有任何方式可以操控他；你無法把他變成一個奴隸。

你難道不曾見過嗎？當你想要把一頭公牛套上牛車時，你會做什麼？你會閹割它，摧毀它的性能量。而你曾經注意過公牛和閹牛之間的差別嗎？它們有什麼差別？一頭閹牛是一種可憐的現象，它是一個奴隸。而公牛則非常的美；公牛是一種輝煌的現象，有著無比的燦爛。看看公牛的行走姿態，它行走的方式就像帝王一樣！然後再看看一頭拉著牛車的閹牛……這同樣的事情也發生在人們身上：性的本能被削弱、斬斷，變得殘障。人們現在不再像是公牛一樣的存在，他像是一頭閹牛。然後每個人背後都拉著一千零一輛牛車。

注意一下，然後你會發現你的背後拉著一千零一輛牛車，而你被套在這些牛車上。你為什麼無法把公牛套在牛車上呢？公牛太強壯了。如果它看到一頭母牛經過，它會甩掉你跟牛車，朝著母牛移動。牠完全不在意你是誰，牠不會理會的。你不可能控制一頭公牛。

性能量是生命能量；那是無法控制的。而那些政客和傳教士感興趣的不是你這個人，他們感興趣的是把你的能量導向其他方向。而在這後面有著某種機制；那是你需要了解的。

壓抑性，把性變成禁忌，是奴役人們的根本基礎。而人無法是自由的，除非他的性是自由的。人無法變得自由，除非他的性能量能夠自然的成長。

有五種詭計會讓人們成為奴隸，成為一種醜陋的現象，變得殘障。第一種方式：如果你想要控制一個人，就盡可能地讓他變得虛弱。如果傳教士想要操控你，或是政客想要操控你，他會盡可能讓你保持是虛弱的。沒錯，他們會允許一些例外：那就是我們為了爭戰而存在的軍隊，那是被允許的。軍隊為死亡而服務，它被允許是有力量的。它被允許盡可能地保有力量；就宰殺敵人而言，軍隊是需要的。

其他人則被摧毀了；他們被一千零一種方式強迫著保持虛弱。而保持一個人虛弱的最好方式就是不要給他全然自由的愛。愛是滋養。現在心理學家已經發現如果孩子不曾得到愛，他會開始枯萎，變得虛弱。你可以餵他牛奶，給他藥物，你可以給他所有一切……但是不給他愛。不擁抱他，不親吻他，不把他攬到你溫暖的懷裡，然後這個孩子會開始變得越來越虛弱，越來越虛弱，他死亡的機率要比存活下來的機率高。這是怎麼了？為什麼？某種程度來說，光只是擁抱、親吻、給予溫暖，孩子覺得被滋養、被接納、被愛、被需要。孩子開始覺得自己有價值，孩子開始覺得自己的生命有某種意義。現在，從童年一開始，我們就剝奪了這些，我們不給予孩子所需要的愛。然後我們強迫年輕男女不可以戀愛，除非他們結婚。到了十四歲，孩子們的性徵成熟了。但是他們的教育還需要更多的時間——還要再十年，直到他們二十四歲、二十五歲或更晚，然後他們才會拿到碩士、博士或醫學博士的證書，所以我們強迫他們不要愛。

性能量大約會在十八歲的時候到達它的高峰。這是男人最具有生殖力的時期，十八歲左右的女人也是她最能夠擁有性高潮的時期。但是我們強迫他們不要做愛。我們強迫男孩住在他們隔離的宿舍裡——男孩和女孩是隔離開來的，男孩女孩之間矗立著整個政治、司法機制還有所有的校長、副校長與師長。他們全都矗立在那裡，就在男孩與女孩之間，阻止男孩朝著女孩移動，阻止女孩朝著男孩移動。為什麼？為什麼要有這麼多的防護？他們正在嘗試扼殺公牛，創造出更多的閹牛。

當你十八歲時，你的性能量、愛的能量來到最高峰。當你在二十五、二十六歲結婚時……而現在的結婚年齡不斷地延後；一個國家越是文明，你要等待的時間就越長，因為你需要學的東西也越多，你還要找到工作，這個或那個。最後當你終於結婚時，你的力量幾乎已經衰退了。

這時候你愛，但是你的愛永遠不會多麼火熱；它永遠不會來到讓人沸騰的點，它會一直是半溫不熱的。而當你無法全然地愛的時候，你也無法愛你的孩子，因為你不知道如何去愛。當你不曾知道愛的高峰，你要如何教導你的孩子呢？你要如何協助你的孩子擁有愛的高峰呢？所以，好幾個世紀以來，人們不被允許去愛，這讓他一直是虛弱的。

第二種方式：讓人們盡可能地保持無知、易受哄騙，讓他可以被輕易的欺騙。如果你想要創要某種形式的白痴——這對傳教士、政客還有他們的同謀來說是絕對必要的——這時候，最好的方式就是不要允許人們自由地進入愛裡。沒有愛，一個人的聰慧會變得低落。你曾經觀察過嗎？當你墜入愛河時，突然間你所有的能力都來到高峰，不斷地增長。一會之前，你還看起來有些遲鈍，然後你遇到你的女人……突然間一股莫大的喜悅從你的存在裡湧現，你開始發亮。當人們在愛裡的時候，他們有著最佳的表現。當愛消失或是當愛不在那裡時，他們的表現最低落。

最偉大、最聰慧的人也是最具有性慾的人。這點是你需要了解的，因為愛的能量基本上就是聰慧。如果你無法愛，某種程度來說你是封閉的，冰冷的；你無法流動。在愛裡，人是流動的。在愛裡，一個人會感到無比的自信，就像是他可以碰觸到星辰一樣。這就是為什麼女人可以是一個偉大的靈感，男人可以是一個偉大的啟發。當女人在愛裡，她馬上就變得更為美麗，立即性的！一會之前，她還是一個普通女人……當愛沐浴在她身上，她沉浸在一種全新的能量裡，她的周圍開始出現一種新的氛圍。她的移動變得較為幽雅，她的步伐裡開始出現舞蹈。她的眼睛現在有著無比的美，她的臉龐發亮，她是閃亮的。而這同樣的情形也發生在男人身上。

當人們在愛裡時，他們的表現最良好。不允許愛，那麼他們會一直處在最低的狀態中。當他們處在最低狀態時，他們是愚蠢的，他們是無知的；他們不在意自己知道不知道。而當人們是無知、愚蠢和遲鈍的時候，他們會輕易地受騙。當人們的性被壓抑，愛被壓抑，他們會開始追求另一種生命；他們嚮往天堂與樂園，但是他們不會想著在此時此地創造出天堂。當你在愛裡的時候，天堂就在此時此地。這時候你根本不會在意天堂，然後誰會想去找那些傳教士呢？這時候，誰會在意天堂是否存在？你已經在天堂裡了，你不會再對它感興趣。但是當你愛的能量被壓抑時，你會開始想著：「這裡什麼都沒有。現在是如此的空虛。那麼必然在某個地方，有著某些目標……」然後你會去傳教士那裡詢問關於天堂的事情，他會跟你描繪天堂的美好景象。性被壓抑了，以至於你會開始對另外一方的生命感興趣。而當人們對另外一方的生命感興趣時，很自然地他們不會對這裡的生命感興趣。

譚崔說：這裡的生命是唯一的生命。另外一方的生命就隱藏在這裡的生命裡。它不違反它，它不遠離它；它就在其中。進入它。這就是了！進入其中，然後你也會發現另外一方。神就隱藏在這個世界裡——這是譚崔的訊息。一個偉大的訊息，至上的，無法比擬的。神就隱藏在這個世界裡，神就隱藏在此地，此時。如果你愛，你將會感受到它。

第三個祕密：讓人們盡可能地保持害怕。而確切的方式就是不讓人們去愛，因為愛會摧毀恐懼：「愛去除恐懼。」當你在愛裡時，你不畏懼。當你在愛裡時，你可以對抗全世界；當你在愛裡時，你覺得自己有著無比的能力，可以做任何事情。但是當你不在愛的時候，你連小事都會感到害怕。當你不在愛裡時，你會對安全、保障有更多的興趣。當你在愛裡時，你會對冒險、探索有更多的興趣。

人們不被允許去愛，因為這是唯一一種讓他們害怕的方式。而當人們害怕顫抖時，他們會下跪，拜倒在傳教士面前，拜倒在政客面前。這是一個違背人性的共謀。這是一個對抗你的共謀。你的政客和傳教士是你的敵人，但是他們假裝是大眾的僕人。他們說：「我們在這裡是為了服務你，協助你獲得更好的人生。我們在這裡要為你創造出一個金色的人生。」而他們其實是生命的摧毀者。

第四：讓人們盡可能地悲慘——因為悲慘的人是困惑的，悲慘的人沒有自我價值，悲慘的人會譴責自己；悲慘的人覺得自己必然做錯了些什麼。一個悲慘的人跟大地缺乏連結；你可以逼迫他從這裡到那裡，人們可以輕易地把他變成漂流木。而一個悲慘的人總是準備好被譴責，被命令，被規範，因為他知道：「靠我自己，我只會感到悲慘。或許有人可以來規範我的生活？」他是一個準備就緒的受害者。

第五：讓人們盡可能地保持疏離，這麼一來，他們無法為了傳教士或政客不允許的目的而聚集在一起。讓人們保持是分離的，不要讓他們太過親密。當人們分離、孤單、彼此感到陌生時，他們無法匯聚在一起。而要讓人們遠離彼此有上千種方式。比如說，如果你握著一個男人的手——你是一個男人，而你握著另外一個男人的手，走在路上歌唱著——你會覺得有罪惡感，因為人們會開始注意你：你是同志、同性戀還是怎麼回事？

兩個男人不被允許快樂地在一起。他們不被允許握手，他們不被允許擁抱彼此；他們會被譴責為同性戀。恐懼因此而出現。如果你的朋友靠近，用他的手握住你的手，你會看一看四周，是否有人在注意你們？你會急著放掉他的手。你們的握手非常匆忙。你曾經觀察過嗎？你們只是碰觸彼此的手，晃一晃就結束了；你們不握手，你們不擁抱彼此。你們感到恐懼。你記得嗎，你的父親擁抱過你嗎？你記得你的母親在你性徵成熟後擁抱過你嗎？為什麼不呢？因為恐懼被創造出來了。一個年輕男人跟他的母親擁抱？

或許他們之間會有性的感覺湧現，會有某種想法，某種幻想。恐懼被製造出來：

父親跟兒子，父親跟女兒，不可以；兄弟跟姊妹，不可以；兄弟跟兄弟，不可以！人們被隔離在不同的箱子裡，周圍有著巨大的牆壁。每個人都被分開，有著上千道障礙在那裡。是的，然後有一天，在經歷二十五年這樣的訓練之後，你得到跟自己妻子做愛的許可。但是到這時候，那些訓練已經深入你的內在了，突然間你不知道該怎麼辦。該如何去愛？你不曾學過這種語言。

就好像一個人二十五年來從來不被允許說話。只能傾聽：二十五年的時間不被允許說任何一個字，然後突然間你把他帶到台上，對他說：「給我們好好的演講一場。」這時候會發生什麼事情呢？他會在那裡馬上跌下來！他可能會昏倒，他可能會死……二十五年的安靜，然後突然間他被要求好好地進行一場演講。這是不可能的。但是這就是目前在發生的事情：二十五年的反對愛，恐懼，然後突然間你可以合法地——甚至還有證書，現在你可以愛這個女人。這是你的妻子，你是她的先生，你們得到許可，可以愛彼此了。但是那二十五年的錯誤訓練要怎麼辦？它們還會在那裡。

是的，你會「愛」……你會努力，做出一種姿勢。但是它不會是爆發性的，它不會具有高潮；它會非常的微弱。這就是為什麼你在做愛之後會感到挫折。百分之九十九的人在做愛之後覺得挫折，比做愛之前更挫折。他們覺得：「什麼？……什麼都沒有！這不是真的！」

這裡，一開始，傳教士跟政客已經設法辦到讓你覺得自己不應該去愛；然後他們又過來對你宣導說愛裡什麼都沒有。而且他們的宣導看起來是對的，他們的宣導看起來跟你的經驗完全吻合。首先他們創造了挫折、徒勞無用的經驗，然後……他們的教導出現了。你的經驗跟他們的教導看起來是合乎邏輯的，是一體的。

這是一個很大的詭計，它是加諸在人類身上的最大詭計。而這五件事情可以透過一件事情來達成，那就是所謂愛的禁忌。某種程度來說，只要阻止人們去愛彼此，就可以達成所有這些事情。而這個禁忌是以一種極度科學的方式而進行的……這個禁忌是一項偉大的藝術；其中牽涉到傑出的技術，許多的詭詐，它真的是一項傑作。你需要了解這個禁忌。

首先，它是間接的，它是隱藏起來的。它不明顯，因為每當一個禁忌太明顯時，它不會管用。這個禁忌需要被隱藏起來，所以你不知道它如何作用。這個禁忌必須是如此地隱晦，以至於你甚至無法想像有任何事情可以對抗它。這個禁忌必須深入潛意識，而不是意識。要如何讓它變得如此微妙、如此間接呢？他們的詭計是先教導愛是偉大的，所以人們從來不認為傳教士和政客會反對愛。他們不斷教導愛是偉大的，愛是正確的事物——然後在這同時，不讓愛有發生的可能性，不給予任何機會。這就像是不給予你任何機會，然而卻不斷地教導食物是偉大的，吃是一種莫大的喜悅——「盡你所能地吃好一點」——但是不給你任何可吃的食物。讓人們保持飢餓，然後繼續談論著關於愛的事情。

所以所有的傳教士都不斷地談論愛。愛跟某些事情一樣受到高度的讚揚，僅次於神，然後他們否定所有愛能夠發生的情況。直接的鼓勵它，然後間接的斬斷它的根。這是他們的傑作。沒有任何傳教士談過他們是如何造成傷害的。那就好像你不斷地對一棵樹說：「讓自己是綠意盎然的，就是綻放，享受。」然後你不斷地斬斷它的根，讓它無法綠意盎然。然後當這棵樹無法綠意盎然時，你跳到它身上對它說：「聽著！你不聽話，你不跟隨我們。我們一直對你說要綠意盎然，就是綻放、享受、舞蹈」……然後在這同時，你不斷地斬斷它的根。

愛是如此地被否定……而愛是這個世界上最罕見的事物，它不應該被否定。如果一個人可以愛五個人，他應該愛五個人。如果一個人可以愛五十個人，他應該愛五十個人。如果一個人可以愛五百個人，他應該愛五百個人。愛是如此地罕見，你越能夠散布它就越好。

但是有一些極度機巧的詭計。你被強迫進入一個狹窄、窄小的角落：你只可以愛你的妻子，你只可以愛你的先生，你能夠愛的只是這樣，你能夠愛的只是那樣；這種限制非常多。那就好像有一條律法規定，只有當你跟妻子在一起的時候，你才能呼吸，只有當你跟先生在一起的時候，你才能呼吸。這時候，呼吸變成是不可能的事情——你會死！最後就算你跟自己的妻子或先生在一起時，你也變得無法呼吸了。

你需要一天呼吸二十四個小時。你呼吸的越多，當你跟自己的配偶在一起時，你也越是能夠呼吸。就是讓自己去愛。

這裡，還有另外一個詭計：他們談論「較高」的愛，然後他們摧毀較低的。他們說你需要否定較低的愛：身體之愛是不好的，靈性的愛是好的。你曾經看過任何沒有身體的靈魂嗎？你曾經看過任何房子沒有基石嗎？這些較低的是那些較高的基石。身體是你的居所：靈魂生活在這個身體裡，跟身體在一起。你是一個體現在身體裡的靈魂，以及一個擁有靈魂的身體。你是兩者一起的。這個較低的與較高的並不是分離的，它們是一體的……它們是同一個階梯上的不同橫桿。

這就是譚崔想澄清的部分：較低的不需要被否定；較低的需要被蛻變成為較高的。較低的是好的！如果你停滯在較低的狀態，這是你的錯，錯的不是那個較低的部分。階梯較低的橫桿沒有任何不對。如果你停滯在這裡，你就是停滯在這裡：那跟你的內在有關。繼續移動！性沒有錯，但如果你停滯在這裡，錯的是你。朝著較高的方向移動。較高的並不反對較低的；是這個較低的部分讓那個較高的部分得以存在。

而這些詭計還製造了許多其他的問題。每一次當你在愛裡的時候，某種程度來說，你覺得有罪惡感；一種愧疚會升起。當罪惡感出現時，你無法全然地進入愛裡；罪惡感阻礙你，它緊抓著你。即使是當你跟自己的妻子或先生在做愛時，罪惡感都存在：你知道這是有罪的，你知道自己在做的事是錯誤的。聖人不會做這種事，你是個罪人。就算——表面上——你是被允許去愛你的妻子，你也無法全然地移動。那些傳教士就隱藏在你的罪惡感之中；他從那裡拉扯著你。當罪惡感升起時，你覺得自己是錯的；你失去了自我價值感，你失去了對自己的敬重。

還有另外一個問題會升起：當罪惡感出現時，你會開始假裝。父母親不會允許自己的孩子知道他們在做愛——他們會假裝，他們假裝性不存在。而孩子遲早會發現他們在假裝。當孩子發現父母在偽裝時，他們就失去了所有的信任，孩子會覺得被背叛，被欺騙。而父母親則會說是孩子不尊重他們——你是造成這種情況的原因，他們怎麼能夠敬重你呢？你在各方面都欺騙了他們。你不誠實，你是卑鄙的。你告訴他們不要墜入愛河——「要小心！」——然後你卻一直在做愛。遲早有一天這種情況會發生，然後孩子會明瞭，連自己的父母都不曾真實地對待他們——這要他們如何敬重你呢？

首先，罪惡感製造出偽裝，然後偽裝製造出人們彼此的疏離。甚至是孩子，你自己的孩子，都不覺得和你是協調的。你們之間有著障礙：你的偽裝。而當你知道所有人都在假裝時……有一天，你會發現自己在假裝，別人也是。當所有人都在偽裝時，你們要如何連結呢？當每個人都是虛假的，你要如何連結呢？當到處都是欺騙和謊言時，你怎麼可能是友善的？面對這種現實，你會感到非常非常地痛苦，你會變得非常苦澀。你會把它視為惡魔的工廠。

每個人都有一張虛假的臉孔，沒有人是真實的。每個人都帶著面具，沒有人顯示自己最初始的臉孔。你覺得有罪惡感，你感受到自己在假裝，你也知道每個人都在假裝，每個人都覺得有罪惡感，每個人都已成為一個醜陋的傷口。這時候，要把這些人變成奴隸是很容易的一件事——你可以把他們變成員工、站長、校長、稅務人員、稅收代表、部長、政府官員、總統。現在，你可以很輕易把他們的注意力引導到別的方向。你已經引導他們遠離自己的根了。性是根源，因此才會有海底輪（muladhar）這個名稱。海底輪指的是最根本的能量。

我曾經聽說過……

那是她的新婚之夜，驕傲的珍妮女士正要第一次履行她的婚姻義務。她問她的新郎說：「我的老天啊，這就是一般人所說的做愛嗎？」雷金納德爵士跟往常一樣地進行著，並且回答說：「是的，我的女士，這就是。」一會之後，珍妮女士憤慨地驚呼說：「對一般人而言，它太好了！」

一般人並不真的被允許去做愛：對他們來說那太好了。但是問題在於當你毒化整個一般世界時，你也會被毒化。如果你毒化了一般民眾所呼吸的空氣；國王所呼吸到的空氣也會被毒化；那是無法區分開來的，它是一體的。當傳教士毒化一般民眾時，最終他也會被毒化。政客毒化一般民眾的空氣時，最終他也會呼吸到同樣的空氣；再也沒有其他的空氣了。

一個助理牧師跟一個主教在一趟長途旅途中，面對面地坐在火車廂裡。當主教進入車廂時，助理牧師把他的《花花公子》雜誌放到一旁，開始閱讀教會週刊。主教不理會他，繼續進行週刊後面的填字遊戲。車廂裡一片寧靜。

一段時間之後，助理牧師嘗試跟主教說話。所以當主教開始抓頭發出「凸－凸－凸－凸」的聲音時，他嘗試問說：「先生，有什麼我可以協助你嗎？」

「或許吧。我現在被一個字卡住了。什麼字有四個字母，而最後三個字母是u-n-t，這裡提供的線索是『女性的』？」

在經過短暫的停頓之後，助理牧師說：「先生，那有可能是『aunt』。」

主教說：「當然，當然！我說，年輕人，你可以借我一個橡皮擦嗎？」

當你在表面上壓抑時，所有一切都會深入到潛意識裡。它在那裡；性並沒有被摧毀。幸運的是，它不曾被摧毀；它只是被毒化。性沒有辦法被摧毀，它是生命能量。它被污染了，但是它可以被淨化。這就是整個譚崔的過程：一個偉大的淨化過程。

你生命裡的問題基本上可以被簡化成你性的問題。你可以不斷地解決你其他的問題，但是你永遠都無法解決它們，因為它們不是根本的問題。如果你解決了你性的問題，所有的問題都會消失，因為你已經解決了根本。

但是你是這麼害怕深入其中。它其實很簡單：如果你能夠把你的制約放到一旁去，它是非常簡單的，它就跟這個故事一樣地簡單。

一個挫折的老處女不斷地騷擾警察；她不斷地打電話抱怨她床底下有一個男人。她最後被送到精神病院，但是她仍然告訴醫生說有個男人在她的床底下。他們給她服用最新的藥物，然後她突然間宣稱自己痊癒了。

「羅斯提芬小姐，你的意思是你現在不再看到有男人在你的床下了？」

「不，不是。我現在看到的是兩個。」

一個醫生對另外一個醫生說只有一種注射方式可以治療她的抱怨，他把它稱為：「邪惡的童貞」：他們何不安排大唐——醫院的木匠——到她的房間去。

大唐很感興趣，他們告訴他那位女士的抱怨，然後把他跟那位女士鎖在一起一個小時。他說不用那麼久，然後一群焦慮的人聚集在門外。他們聽到：「不，唐，停下來。聖母永遠不會原諒我！」

「不要再叫了，這還需要一點時間。幾年前就該這樣做了！」

「你這個畜生！你總是這樣用蠻力解決問題的？」

「這是你的先生該做的事情，你有先生嗎？」

再也等不下去了，那些醫生衝進病房裡。

木匠說：「我把她治好了。」

羅斯提芬小姐說：「他把我治好了。」

他把床腿鋸掉了。

有時候，痊癒的方式非常簡單，不過你卻一直做著一千零一件事情……那個木匠做的很好，就是鋸掉床的四條腿，事情就結束了！現在，男人可以藏在哪裡呢？

性幾乎是你所有問題的根源。它也必然是如此，因為人類經歷了上千年的毒化。一場偉大的淨化是需要的。譚崔淨化你的性能量。傾聽譚崔的訊息，試著了解它。它是偉大的革命性訊息。它反對所有的傳教士跟政客。它反對所有那些下毒的人，他們扼殺了這個地球上所有喜悅，就只是為了能夠把人們轉變成奴隸。

找回你的自由。找回你愛的自由。找回你存在的自由，然後生命不再會是個問題。它是一個奧祕，它是一場喜樂，它是一個祝福。

第二章 他說／她說：關係裡的愛

每當你把他人變成你的財產時，你也成為對方的財產。它的作用是雙向的。當你把對方簡化為奴隸時，對方也把你簡化為奴隸。當你極度恐懼對方離開你，你準備向對方妥協時；到時候，你也就準備好，在任何事情上進行妥協。

你會看到這些事情發生在所有的先生和妻子身上。他們妥協，他們出賣了自己的靈魂，只為了一個原因：因為他們無法單獨。他們害怕自己的女人會離開，自己的男人會離開——然後會發生什麼事？光是這個想法就已經讓人如此地害怕和恐懼。

單獨的能力就是愛的能力。對你來說，這或許看起來很矛盾，但是並不是。它是一個實存的真實：只有那些擁有單獨能力的人才擁有愛的能力，分享的能力，能夠進入對方核心深處的能力，但卻不占有對方，不依賴對方，不把對方物化成物品，也不對對方上癮。他們允許彼此絕對的自由，因為他們知道如果對方離開的話，他們的快樂跟現在會是一樣的。他們的快樂不會因為對方而消失，因為那不是由對方所賦予的。

這麼一來，人們為什麼會想要在一起呢？它不再是一種需要，而是一種享受。試著了解這一點。對真實的人們來說，他們對彼此的愛是一種享受；不是需要。他們享受分享：他們擁有這麼多的喜悅，他們想要傾注在某人身上。而他們知道如何像獨奏樂器一樣地活出自己的人生。

問題　在男人和女人之間，什麼樣的愛是可能的？在男女關係裡，他們有可能不陷入一般常見的施虐受虐模式嗎？

這是一個非常有意義的問題。一般來說，宗教讓這點變得不可能；他們已經摧毀了男人和女人之間的一切美好關係。他們摧毀它是有原因的：如果人們的愛獲得了滿足，在教堂裡祈禱的人會變少。他們會做愛，在清晨時分，在週日早上。誰會在意那個在教會宣導教義的笨蛋呢？如果人們的愛有了莫大的滿足與美，他們不會在意神是否存在，聖經所倡導的哲學是真還是假。他們自己是如此地心滿意足。偶爾在路上我會經過一對擁抱的情侶，他們甚至不會注意到我。我覺得很開心；他們必然處在一種無比幸福的狀態裡。

透過製造出婚姻，宗教摧毀了你的愛。婚姻是結束，不是開始——愛的結束。現在你是一個先生，你鍾愛的人成為了一個妻子。現在你會開始試圖操控對方，那是政治，不再是愛。現在，每件小事都變得值得爭論。婚姻是違反人類本性的，所以遲早有一天，你會對那個女人感到厭煩，而那個女人也會對你感到厭煩。這是自然的，其中沒有任何不對。這就是為什麼我說婚姻不應該存在，因為婚姻讓這整個世界變得不道德。一個男人跟一個女人睡覺，他們不愛彼此，但是仍然試著做愛，只因為他們已經結婚了——這是醜陋的、噁心的。我把這稱為真正的嫖妓。

當一個男人去找妓女的時候，那至少是直接了當的。他購買了一個貨物。他買的不是那個女人，他買的是一個貨物。但是在婚姻裡，他購買了這整個女人，買了她一輩子。所有的先生和妻子，沒有任何例外，都陷在牢籠裡，也都試著從中解脫。但是有時候，在那些允許離婚的國家裡，人們設法更換了伴侶，但是沒有多久他們會驚訝的發現，另外這個女人或另外這個男人跟他們才分手的那一個簡直一模一樣。

我曾經聽說過一個結了八次婚的男人——當然，這種事情只會發生在加州。當他第八次結婚時，兩天之後，他明瞭到他以前曾經跟這個女人結婚過。這時候他開始思考：「透過換女人，我到底得到了什麼？事情還是回到同樣的狀況。」

穩定的婚姻是不自然的，一夫一妻制是不自然的。人類天生就是多配偶制的生物，而任何聰慧的人都會是多配偶制。你沒有辦法一直吃義大利食物——偶爾你想要拜訪中國餐廳。

我想要人們全然地自由，免於婚姻與結婚證書。讓人們在一起的唯一原因應該是愛，不是法律。愛應該是唯一的法律；這時候，你提出的這個問題才會是可能的。當愛消失時，就向彼此道別。沒有什麼需要爭吵的，愛是存在的禮物，它的到來像風一樣，它的離去也像風一樣。你們會感激彼此。你們或許分手，但是你們會記得那些共度的美好時光。即使不再是情人了，你們仍然可以是朋友。一般的情侶在分手之後會變成敵人。事實上，早在他們分手之前，他們已經變成敵人了──那就是為什麼他們會分手。

最終極的情況，如果男女雙方都是靜心者──不只是情侶，而是試著把愛的能量蛻變成一種靜心的狀態……而這就是我看待男女關係的方式。它是一股無比的能量，它是生命。如果，當你跟你的女人做愛時，你們兩個人可以來到一個寧靜的狀態，全然地安靜，沒有任何思想經過你們的頭腦──就像是時間靜止了──你們會第一次知道愛的真實滋味。這種關係可以持續一生，因為那不再只是生理上的吸引力，生理上的吸引力是遲早會消失的。

現在，你們打開了一個新的向度。你的女人變成是你的廟宇，你的男人變成是你的廟宇。你們的愛變成是你們的靜心，而這個靜心還會持續不斷地成長，當它越是滋長，你們也會變得越來越喜悅，越來越滋養，越來越有力量。在那裡沒有關係，沒有牽絆一定要和彼此在一起。但是誰能夠放棄這種喜悅呢？當兩個人之間有著這麼多的喜悅時，誰會想要離婚呢？人們想要離婚是因為其中沒有了喜悅，只有失望，二十四小時的惡夢。

我的人，不論是在這裡還是在世界各地，都在學習一點：愛只是一個跳板。在它的前方還有著更多的可能性，而這所謂更多的可能性，只有當兩個人能夠維持長期的親密連結時，它才能夠發生。面對一個新的伴侶，你要再一次重新開始。而且你也不需要換新的伴侶，因為你們現在的關係不再是生理或身體的，而是來到一種靈性的會合。

把性蛻變成靈性是我最根本的態度。如果兩個人是情侶也是靜心者，他們不會在意：偶爾你拜訪一下中國餐廳，或是他拜訪某個歐式餐廳，那不是問題。你愛這個女人，如果偶爾跟別人在一起會讓她感到快樂的話，那有什麼不對呢？你應該為她的高興而高興，你愛她。只有靜心者能夠放掉嫉妒。

成為情侶——那是一個好的開始，但不是結尾。你們需要不斷地嘗試靜心。而且要快一點，因為你的愛很可能會消失在蜜月結束時。所以靜心和愛必須同時發生。如果我們能夠創造出一個伴侶也是靜心者的世界，那麼所有這些不斷持續的折磨、嘮叨、嫉妒和極盡可能的彼此傷害都不再會是問題。

沒有靜心的愛遲早會轉變成恨——覺知這一點——但是帶著靜心的愛會變得越來越深，越來越強烈。很有可能兩個人覺得在一起是如此地和諧，有一種一體感，以至於他們會希望永遠在一起。但是那不再是一種條件。任何時候，如果其中一個人決定：「我現在來到這個十字路口，我想走向另外一個方向，離開你。謝謝你曾經做過的所有一切。我會記得所有那些美好的片刻，但是我沒辦法再繼續。」這樣就夠了。不需要上法院決定你們是已婚還是離婚。我們現在所在的這個世界是多麼瘋狂啊？甚至連我們的愛都不是自由的。

而當我說愛應該是我們的自由時，全世界的人都譴責我是「性自由上師」。沒錯，我全然地支持愛的自由。某種程度來說他們是對的：「我不想要性成為市場上的貨物。它必須是可自由獲得的——只要兩個人同意，那就夠了。而且同意的只是這個片刻：不承諾未來，因為承諾會成為環繞你脖子的鎖鍊；它們會殺了你。不承諾未來。就是品味這個片刻。如果下一個片刻，你們仍然還在一起的話，你也更加能夠品味它。

所以，我不用關係這個字眼。我用的是連結這個字眼。你可以連結，但是不要創造出關係。如果你的連結變成是一種延續一生的過程，很好。如果它不是，那甚至更好。或許這不是適合你的伴侶，所以你們可以分開是好事。尋找另外一個伴侶。必然有某人在某處等著你。但是現在這個世界不允許你去發現誰在等著你，誰是那個適合你的人。

他們說我是道德敗壞的。對我來說，這才是道德──他們嘗試進行的才是不道德的。

問題

要墜入愛河很容易。為什麼要離開愛是如此地困難？這麼多的討論、眼淚、爭吵跟恐懼……我不想傷害曾經跟我在一起的人，因為並不是我們之間的情感消失了。我是如此的困惑。你可以就此談談嗎？

有什麼要談的呢？一切都結束了！

墜落總是容易的。你可以墜入任何坑洞。從坑洞裡脫離才是困難的。但是你還是需要脫離。一旦愛消失了，那個坑洞就變成了地獄。然後彼此會開始爭吵、辯論、嘮叨以及出現各種惡劣的事情。沒有人想要傷人——但是因為他覺得受傷，她覺得受傷，所以在無意間他們不斷地把自己受傷的感覺加諸在對方身上。

首先，當你開始要墜入愛河，當你還沒有落入坑裡時，那是你問我的好時機，因為我有一種全然不同的愛，叫做在愛裡昇華。這麼一來，這些問題就不會出現了。在愛裡昇華是美好的，要從中脫離也非常容易，因為你只需要墜落就好了。墜落是容易的，所以把它留給下一步；就第一步而言，總是先向上提升。

但是，較容易的墜落這一步，你已經進行了。接下來你需要進行困難的這一步。它會發生的——所有這些眼淚和衝突，都無法把愛再帶回來。

有一件簡單的事情是你需要了解的。愛——你們所談論的愛——不在你的掌握裡。你是墜落於其中的。你沒有力量阻止自己墜落，所以當它發生的時候，它帶走你。但是它就像一陣風一樣，它會來，它會走。而且好的是它會來，它會走，因為如果它停留下來的話，它會變得腐敗。你需要了解一點，就你們彼此而言，愛已經不存在了。不需要痛恨對方，因為沒有人摧毀了愛。當初也沒有人創造出它——它就像風一樣地來了，你享受那些片刻；然後感謝彼此，協助彼此脫離這個坑洞。當你在坑洞裡的時候，這是唯一的方法。在這裡，男人，如果要當個真正的男人，應該提供他的肩膀，讓女人可以藉由他的肩膀離開那個坑洞。然後這個男人可以找到自己運動建身的方式，離開那個坑洞。

但是沒有人在墜落之前問過我。這實在很奇怪！這二十五年來，我一直在等待有人問我如何墜入愛河。從來沒有人問過，不過就算是你問了，我也會建議：「永遠不要墜入愛河。試著往上昇華。」在愛裡昇華是一件全然不同的事情。在愛裡昇華意味的是一種學習，一種改變，一種成熟。在愛裡昇華最終協助你長大成人。而兩個成人不會爭執；他們會試著去了解，他們會試著解決任何問題。

任何一個在愛裡昇華的人從來不會從愛裡墜落，因為往上提升是來自於你自身的努力，愛是透過你的努力而滋長的，它在你的掌握中。但是墜入愛河不是透過你的努力。墜入愛河……那份愛遲早會開始粉碎，而你越是早點明瞭它會消失，就越好；否則你會過度糾結在一千零一件事裡。種種這些事情會讓分離變得困難。

當你墜入愛河時，沒有任何問題會升起。你是潔淨的，對方也是潔淨的。但是當你想要分手時，那些你們曾經住在一起、愛過、一起經驗過的白天、夜晚、那些年月，它們很自然地是最美好的禮物之一……但是也讓你們之間的糾葛越來越深。因為在那些過程裡你也持續不斷地承諾對方——那不是因為你要說謊或是欺騙對方。在那些美好的片刻裡，那些承諾絕對是來自於你的心。但是當那些片刻消失之後——它們是會消失的，因為那是一種墜落，而沒有人能夠永恆地一直處在墜落的狀態裡；遲早有一天他需要再次上升——從這個片刻起，你們開始分離，所有那些糾葛、你的承諾、對方的承諾，創造出現在這種複雜的情況。

在愛裡昇華是靈性的。

墜入愛裡是生理性的。

生理是盲目的，這就是為什麼愛被稱為是「盲目的」。但是我現在所談論的愛是唯一一種人們可以輕易觸及的。只是需要一點努力……

愛應該來自於你的寧靜、覺知與靜心。它是柔軟的、不盲目的——因為愛怎麼會為身處於其中的人帶來束縛呢？愛它給予彼此自由，而且是越來越多的自由。當愛成長得越深，自由也變得越深。當愛成長的越深，你開始接受對方原本的樣貌。你不再試著改變對方。

這是世界上最悲慘的一件事，那就是情侶不斷地試著改變彼此。他們不知道如果對方真的改變了，他們的愛也就消失了，因為他們一開始就不會和這個改變後的人墜入愛河。他們一開始所愛上的那個人，根本沒有他們這種「這裡要改，那裡要改」的概念。

在愛裡上升，你會開始覺知到對方有著他自己必然需要的領域，你不會蠶食侵害它。

如果愛變得自由，那麼人們不需要分離。這個分離的想法之所以會出現，是因為你不斷地看見自己變得越來越像是個奴隸，而沒有人喜歡被奴役。

但是你們總是在坑裡的時候才問我要如何脫離。有一點是可以確定的，我不會進到坑裡，把你帶出來！你們兩個要自己想辦法出來。如果我到坑裡去協助你出來，你們兩個出來了，我會仍然在坑裡！而我不知道我可以問誰：「怎樣才能從這裡脫離？」

關於我的生活，我從來不曾問過人們任何問題。那是我的人生，我必須自己生活，我必須自己化解其中的問題。我從來不接受任何建議，我從來不接受任何人不請自來的建議。我曾經跟那些人說：「你要了解，建議是唯一一種人們會免費提供，卻沒有人會接受的東西。」為什麼要這麼麻煩呢？一個你根本不曾徵求過意見的人，他所提供的建議也不會有多少智慧。

真正有智慧的人從來不會把任何概念加諸在他人身上。如果有人詢問他，他只會提供他的見解。但是那不是什麼人們一定要遵守的誡律；其中沒有「應該」。

我只能說：你們給予過彼此非常美好的時光——心存感謝、感激。分手不應該是醜陋的。當你們的相逢是如此美好的時候，你虧欠整個存在一件事：讓分手是美好的。忘記你們所有的承諾——當那些承諾被說出來的時候，它們是適當的，但是時光改變了，你們也改變了。你們兩個現在站在一個十字路口，準備朝著不同的方向移動；或許你們永遠都不會再碰面。盡可能讓它是優雅的。一旦你們明瞭一個事實，不論優雅還是不優雅，分手都是必然的，那麼最好讓它是優雅的。

至少你的情人會活在你的記憶裡，你會活在對方的記憶裡。某種程度來說，你們相聚的那些片刻會一直豐富著你。但是優雅地分手。如果你知道了什麼是愛，這並不困難——但是要知道愛是非常困難的。當你墜入愛河時，你是不加思索的。你知道愛可以輕易地消失。接受這個事實，不要譴責彼此，沒有人需要為此負責。就是協助彼此能夠是優雅的；在深度的友誼裡分手。

當情侶在分手時成為敵人，那是一種很奇怪的感謝。他們應該要成為朋友的。如果愛可以變成友誼，那麼其中不會有罪惡感、不會有嫉妒，也不會有自己被欺騙、剝削的感覺。沒有人剝削任何人；純粹只是生物性的能量讓你過去變得盲目。

我教導的是一種不同形式的愛。它不會結束於友誼，而是開始於友誼。它在寧靜中、在覺知裡開始。這種愛是你自身的產物，它不是盲目的。

這種愛可以持續永恆，可以不斷地滋長得越來越深。這種愛有著無比的敏感度。在這種關係裡，你甚至會在對方說出自己的需要前就感受到它。我認識幾對伴侶，稀少的幾對——我見過的伴侶很多很多，但是我只看過兩到三對伴侶，他們不是墜入愛河，而是在愛裡昇華。關於他們，最奇蹟的事情是，他們開始能夠不透過話語地感受對方。如果男的覺得渴了，女的會端水過來。不需要說什麼，就是一種同步性。如果她鍾愛的人渴了，她自己必然也會感到口渴。這種交流不斷地持續著，完全不需要語言。能量可以不透過語言直接地連結。

這種愛不從對方身上索求。但是當對方提供時，他會感謝地接受。這種愛感覺起來從來不像是束縛，因為其中確實沒有束縛。在這種愛裡，性有時候會發生，有時候好幾個月都不會發生，甚至到最後完全消失。在這種情況下，性不再是性慾，而是一種在一起的方式，盡可能地深入彼此，一種通往彼此內在深處的作為。它跟生物性的繁衍無關。

一旦有一天他們開始明瞭不論在性裡面……他們做了些什麼，會合的只有身體；那麼慢慢地，性會逐漸地消失。然後一種不同的會合會開始出現，而那是一種能量上的會合。握著手，坐在一起看著星辰，那遠超過任何性高潮所能夠給予的——那是兩股能量的融合。

性高潮是生理的，它注定是最為低等的一種。非生理性的高潮有著無比的美，它最終能夠引領一個人來到自我實現。如果愛無法為你帶來啟發，不要把它稱為愛。愛是這麼美的一個字眼。當你說「墜入愛河」的時候，你是在以一種醜陋的方式使用愛這個字眼。如果你說「墜入性裡」——那還比較真實。在愛裡，人總是得到昇華，從來不墜落。

但是首先你需要脫離這個坑洞。協助彼此。生物本能在這裡幫不上忙。你需要人性化的對待彼此，同時了解一點，之前讓你變得盲目的愛已經不在了。你的眼睛現在張開來了。不要試著欺騙對方你仍然還愛他，你仍然還有情感，只是不知道該怎麼辦……這種虛偽是不好的。就是說：「感覺已經不見了。關於這一點，我很悲傷也很難過，我多麼希望那種感覺仍然還在，但是它已經不見了。而我知道你內在也是如此。」一旦彼此都了解情感已經消失了，那麼你們至少可以透過一種人性化的方式，協助彼此脫離這個坑洞。如果你們可以協助彼此的話，那就沒問題了。

但是與其是協助彼此，人們只想要讓事情趕快結束，卻不讓彼此脫離這個坑洞。他們不斷地拉扯著彼此。你要了解：原因在於恐懼。舊有的愛已經消失了，新的愛尚未到來。它不可能來到你的坑洞裡，你會需要先從中脫離！所以，讓人害怕的是那份未知。過去是如此地美好，你想要重複它。所以你試著強迫它，對方試著強迫它。但是這種事情不在你的掌握裡，不是你能夠強迫的。一份受到強迫的愛不是愛。

如果你被劍指著強迫著去親吻一個人——親他！——那會是什麼樣的親吻？看著那把劍你或許會親下去，但那完全不是親吻。任何被強迫的愛，不論它是基於什麼樣的理由，都不是愛。而你們兩個人都知道愛是什麼，因為你們經驗過那樣的片刻；所以你們可以輕易地比較出來，並且知道這不是同一回事。就是協助彼此離開——如果你們能夠協助彼此的話，事情會很簡單——還有優雅的分手。

下一次試著不要墜落，而是試著上升。不要讓生理控制了你。你的意識才應該是主人。

你可以描述一個成熟男人和成熟女人的不同品質嗎？

不論是男人還是女人，要成熟的第一件事情就是在他們十四到二十一歲之間能夠盡可能地擁有性經驗。但是，這個年齡的孩子被所有的社會教導著要壓抑性。這是非常重要的一件事：如果性被壓抑了，聰慧也會自動被壓抑。它們是同時成長的。你會很驚訝地知道在第一次世界大戰時，當時人們第一次測量士兵的心智年齡，而結果非常令人驚訝，每個國家士兵的心智年齡都是十三歲，即使他的身體可能是三十歲。他們十三歲的時候發生了什麼事呢？在十三到十四歲，這個時期，男人的性開始發育成熟。如果這時候你壓抑他的性，你也就壓抑了他的聰慧。

第二件要記得的事情是：在十八歲時，男人和女人同時來到性能量的最高峰。他們可以在這時候擁有最棒的性高潮經驗，而那是他們之後永遠無法擁有的經驗。然而每個文化和社會都不斷地強迫孩子……在你二十五歲之前，你必須保持禁慾。這是極度具有破壞性的。一方面來說，它讓人們的心智年齡保持在十三歲，停滯而遲緩。除此之外，如果一個人在十八歲的時候不曾經驗過性高潮，他之後將永遠無法經驗到它；不論他或她做任何事情，那都是無用的。而錯過這樣的經驗意味著你錯失了一種無比寶貴的經驗——那是生理所能夠提供最愉悅、喜樂和狂喜的經驗。然後人們會覺得悲慘、痛苦、緊繃、苦悶，試圖尋找生命的意義，但是他們永遠找不到。他們已經錯失了某種能夠協助他們找到生命意義的事物。

問題　所以，在十八歲之後就再也沒有機會了？我的意思是，如果一個人在他十八歲時沒有過這樣的經驗，那麼他就永遠地錯過了？

不，還是有機會的，但是那不會是自然發生的；這個人自己需要做點事情。也是在這裡，靜心開始進入。如果一個人曾經在生理上經驗過高潮，那麼它是自然的發生；他沒有刻意做些什麼，它是自己發生的。當它自然發生的時候，靜心會變得非常容易，因為他已經有過靜心的經驗。他不需要相信靜心，他知道有這樣的經驗存在。它曾經透過性而發生。在靜心裡，這種經驗需要透過一些方法，在一個人單獨的時候達成。但如果這個人知道這種經驗，當他開始嘗試任何靜心技巧時，他會感覺到自己正在靠近那個經驗，感受到它的芬芳，它的鮮活；他會知道自己正朝著對的方向前進。他可以看到那盞火焰在那裡，只要稍微再多一點，他就會到達那裡了。所以，就算有人錯過了——事實上大部分的人都錯過了——靜心能夠為他們帶來這個經驗。但是這會稍微困難一些——困難的部分在於他們沒有任何過往的經驗能夠支持他們。

這就是為什麼我在世界各地創造出社區，在社區裡，人們可以靜心。有人在你的前方，有人在你後方，也有人遠遠地在你前頭。這會帶給你無比的鼓勵，而不需要憂慮：人們在前進著，有人已經到達了。如果你有一個已經到達的人可以引導你，光只是那個人的存在，光只是他的愛，就會鼓舞你。因為總是會有這樣的片刻，你覺得自己所做的一切都是徒勞無用的，但是這個人會不斷地鼓勵你：「不要擔憂，就是繼續往前一點點。」

當佛陀在世時，有一個很美的故事：

佛陀要前往一個村落——他們當時都非常疲倦，他們已經走了一整天的路。他的門徒阿難問一個正在農田裡工作的村民：「這裡距離村落有多遠？」那個村民說：「不遠了，只要兩英里就到了。」所以他們鼓起勇氣再次開始前進。「只要兩英里？好。」他們已經走了一整天，兩英里不算什麼；他們可以辦得到的。但是兩英里過去了，他們還沒有到達村落。

他們遇到另外一個村民，他正帶著牛要去田裡，他們問他：「距離村落還有多遠？」他說：「很近，只要兩英里就到了。」這時候阿難對佛陀說：「這些村民很奇怪！之前那個說兩英里，而我們已經走了兩英里。這個人也說兩英里；但是現在我不相信兩英里就會到村莊。」這時候佛陀說：「兩英里會到的。」所以他們又走了兩英里，但是還是沒有見到村落。

然後他們遇到一個老婦人坐在路旁，他們詢問她。她說：「很近了，我只是在這裡休息，我也要去那裡的，你們就是往前走，只要兩英里。」阿難說：「看起來這個村子充滿了騙子，我們已經走了六英里，然後仍然還是再走兩英里！」

佛陀說：「阿難，你不了解。我了解，因為這也是我這一生一直在做的事情。每當我的門徒問說：『還要多遠？』我都會說：『只要再兩英里！』」

所以什麼是成熟男人和成熟女人的品質呢？

這種高潮性的經驗就是成熟的基本品質。這就是為什麼在這個地球上只有少數幾個成熟的男人和女人。

問題 你可以提供伴侶們一個簡單的方法，讓他們找到他們的路嗎？

針對情侶，最簡單的方式就是當他們做愛時，他們應該要把它當成一個神聖的經驗。

所有的宗教都已經摧毀了愛的神聖。他們譴責它是一種罪。而這個制約已經是如此地深入人類的頭腦，以至於人們總是以一種匆忙的方式在做愛，就好像他們要盡快結束它。這其實是自然的，如果它是有罪的，最好快點結束它！他們的心感到內疚，他們的頭腦充滿了罪惡感。所以，如果情侶想要讓做愛成為一種靜心，那麼他們一開始就需要放掉性是有罪的、錯誤的這種概念。它是無比美好的事物，它是大自然與存在的餽贈，你不需要感到有罪惡感，你需要感到感激。而為了表達你的感激，你要為它創造一個特殊的空間。

每間房子和每一對能夠負擔得起的伴侶應該有一間專門針對愛的房間：不參雜其他任何震動頻率——不爭吵、不口角、不扔枕頭。他們在進入這個房間之前應該要先沐浴，就好像他們即將要進入一座廟宇一樣。這個房間應該點著美好的焚香；燈光不應該太過明亮，而是像蠟燭一樣地微光。

而且他們也不應該是匆忙的，因為前戲有著無比的重要。理由也很簡單，女人的全身都可以有性的感受，但是男人不是如此；男人的性慾是局部的，只局限於他的生殖器官。女人的全身都可以有性的感受，而且除非她的全身都開始悸動著喜悅、喜樂，否則她無法經驗到性高潮。如果男人在女人的身體上有著足夠的嬉戲，女人也在男人身上有著足夠的嬉戲……而這個靜心的方式是：當你們在彼此的身體上嬉戲時，保持觀照，不要變得認同。所以那裡會有四個人，而不是兩個人：女人以及她內在的觀照者，男人以及他內在的觀照者。這份觀照純粹就只是看著男人正在對女人所做的事情，也看著女人正在對男人所做的事情。這份觀照不評論好壞；它就像是一面鏡子一樣，顯示著正在發生的事情。

這份觀照就是覺知、警覺與意識。特別是在前戲裡，如果你們是有意識的，警覺的，那麼很可能你們彼此會知道什麼時候，你們的身體準備好做愛。你們會在彼此的身體上感受到生物電流。

當你們開始做愛時，不要匆忙。讓女人總是在上方。傳教士的姿勢是全世界最糟糕的姿勢。在東方，在基督教到來之前，沒有人知道男人可以在女人上方。那其實非常慘忍，非常醜陋。女人是纖細的，然後一個龐大的動物在她身上做著伏地挺身！在印度，這種姿勢被稱為傳教士的姿勢，因為只有傳教士來到印度之後，人們才開始知道這種姿勢。他們讓印度人意識到這種可能性；否則，女人總是在上方。而且就科學而言，女人在上方是對的，因為這麼一來她可以比較活躍，而男人可以不那麼活躍。如果男人在上方，女人無法是活躍的；男人會比較活躍。但如果男人比較活躍的話，他很快就會射精，這時候女人尚未來到她可以經驗性高潮的點。但如果女人在上方的話，她可以是活躍的，而男人保持不那麼活躍，這麼一來，很有可能當這個女人到達高潮時，男人也到達他的高潮。如果兩個人同時到達性高潮，那麼會有一種無比的融合和會合，就好像身體消失了，兩個靈魂不再是兩個靈魂，兩個存在不再是兩個存在。

而觀照持續著。你內在的靜心仍然持續著：你就只是觀看著。

當你們的高潮沉澱下來，慢慢、慢慢地消失時，看著它。當它升起時，看著它，當它爆發時，看著它，當它開始沉澱回到身體的平常狀態時，仍然看著它。這時候，不要急著分開彼此的身體，仍然保持交合一會。在譚崔裡，這叫做「谷底性高潮」。有上百萬的人對這一無所知。第一個性高潮是高峰性高潮：你們在彼此能量的高峰裡會合。現在高峰消失了，但是每一個高峰也同時會有一個谷底；沒有谷底是不可能有高峰的。所以如果你能夠保持寧靜地一起觀照著，你會非常地訝異：原來有另外一種高潮存在，它有著一種全然不同的美，不同的深度，不同的喜悅——谷底性高潮。直到谷底性高潮消失，你回復到平常狀態之前，不要分開。而在這同時，觀照者一直持續著。當你們分開之後，也不要馬上就入睡。仍然有些非常重要的事情要做，那就是後戲。你們在彼此的身體、頭腦的能量上製造了如此大的風暴，所以這是必要的。你們按摩彼此的身體，跟彼此的身體玩耍。點上美好的香、蠟燭，有音樂、花朵……如果你們想要舞蹈的話，你們舞蹈。但是觀照持續著。

為什麼我堅持觀照一直持續著。我強調它是因為如果你這樣進行過很多次的話，有一天你可以試著在你的男人、女人不在的時候，你自己試著觀照——單獨地進行。在同一個房間，同樣的氣氛，點上那創造出同樣記憶的香，同樣的光線，同樣的環境，你就是開始觀照，坐在那裡。然後你會非常地驚訝。所有過去跟你的女人或男人曾經發生過的事情，會開始發生在你的內在，即使你的男人或女人不在那裡。你開始慢慢地朝著高峰性高潮移動——同樣的經驗，但是沒有生理、身體上的表達——然後你來到谷底性高潮，同樣的經驗。你已經透過愛學習到靜心，而你也透過靜心學習到愛；它們會持續豐富彼此。

這會讓兩個人都變得成熟，這份成熟會釋放他們被壓抑的聰慧、覺知、愛意與熱情。而它會摧毀嫉妒、憤怒與憎恨。它會為你帶來無比的蛻變。這些蛻變證明了你正走在對的路上。

第三章　頭腦的禁錮

我沒有辦法告訴你愛是什麼，但是我可以告訴你如何找到你的靈魂。這就是我的整個工作：協助你靜心，協助你變得更為覺知、警覺，好讓你慢慢地、慢慢地開始看到你不只是這個身體，你甚至不只是這個頭腦，還有一些其他更多的部分隱藏在這後面，那是你真實的生命。而一旦你開始覺知到你真實的生命，你的本性存在，你會發現存在的喜悅是如此地四處洋溢，以至於你會想要分享，和那些具有接受性、敞開、準備打開自己心房的人分享。

兩股意識的會合就是愛。

發掘你的意識，然後你會發現什麼是愛。它是一種經驗，我能說的我都已經說過，再也沒有任何方式了。這種兩股意識的會合，融合進入彼此的存在，會帶來這個宇宙所能夠允許的最大性高潮。

但是在那之前，你需要先離開你的身體、頭腦和心，到達你本性存在的最深核心。一旦你到達了你的最深核心，你會發現愛開始從你身上放射出來。那不是因為你做了些什麼。而比較像是太陽升起了，花朵開始綻放，然後空氣裡開始充滿了花香一樣。

愛是靜心的副產品。

只有靜心者才知道什麼是愛。

問題　我天主教徒的頭腦過去一直為力量、讚賞、愛和性而掙扎緊繃著。靜心翻攪出挫折。你可以就此談談嗎？

頭腦，任何形式的頭腦——天主教或共產黨，猶太教或耆那教——都是一樣的。頭腦是一種疾病。而每一種頭腦都在你的周圍創造出一個監獄。監獄有不同種的監獄；它們的建築不同，它們材質不同。有些是由石頭所構成，有些是磚塊，有些是木材，等等諸如此類，但是那都無關緊要。材質並不重要——你被禁錮著。天主教的頭腦有著不同的概念，印度教的頭腦有著不同根深柢固的觀念，但是每種頭腦都需要概念。甚至無神論者也生活在監獄裡，雖然他不相信神。他認為自己是個無信仰者——他其實不是。他的無信仰就是他的信仰。他無信仰的狂熱跟那些信仰者的狂熱是一樣的，有時候甚至他狂熱的程度還更嚴重。因為那些相信神的人還只是偶爾記得一下神，或許只在週日——那是一種週日信仰——但是無神論者持續不斷地辯論反對著。他一直持續地記得神。

在印度經文裡有一個很美的故事：

當納若達，一個奉獻者，一個偉大的奉獻者即將過世，神出現在他面前。這種事情通常發生在過去，它們再也不曾發生了。神問他想要些什麼，他是否有任何欲望希望能夠在下輩子實現的。

他說：「有的，我希望下輩子生來就是個無神論者。」

現在甚至連神都開始感到困惑。你要記得，這種事情只發生在過去，現在再也不會了。神說：「什麼？你想要成為一個無神論者？你是這麼偉大的奉獻者，如此信仰虔誠的人，充滿了宗教精神，而且還一直頌唱我的名字？」

納若達說：「是的，因為雖然我是個奉獻者，我還是持續不斷地忘記你，但是我曾經看過一些無神論者，他們從來不曾忘記過你。這就是為什麼下一次我想當個無神論者，好讓我可以持續地記得你。我甚至連一個片刻都不想忘記你。現在你只是我頭腦裡眾多項目裡的一項。但是對無神論者而言，你似乎是他的整個心——雖然他否定你，但是他記得你。所以給我這項祝福，讓我生來是個無神論者，以便我可以一直地談論著你。」

這個故事很美。它以一種象徵性的方式說明了無神論者跟有神論者其實都在同一艘船上。

共產主義者不斷地辯論反對神：他跟神沒有關係，沒有任何關係。但是看看馬克思是多麼地在意神？就經濟而言，神不會進入其中，它不是一種經濟理論或任何事情。但是馬克思像是被附身一樣，他持續地被附身。他一次又一次地否定神的存在，就好像神一直在糾纏他一樣。

這些都是狂熱分子。信仰、無信仰，印度教、回教、基督教——全都是狂熱分子。而這些狂熱分子從來不面對事實；這就是為什麼他們是狂熱分子。狂熱分子的教條是：「我們是對的，不要被那些事實所干擾——無論那些事實說些什麼都是錯的。」狂熱分子的教條是：「關於什麼是對的，我們已經做出結論。現在，那些事實應該符合我們的教條，而不是相反過來。」所有這些所謂的概念讓人們變得殘障。而基督教徒當然是這個世界上最為殘障且麻痺的頭腦，因為它是壓抑的——而每當你壓抑的時候，你就會變得醜陋。不論你壓抑的是什麼，它們都會持續在那裡。而且不只是持續在那裡，它還會每天都變得越來越有力量。它累積能量。

如果你表達它，它會蒸發。比如說，有一個人他會以一種平常的方式生氣，就像所有其他人一樣——如果你污辱他，他會生氣——那這個人其實並不危險，因為他不會累積多少的憤怒，以至於他變得危險。但是，一個不斷壓抑憤怒的人則是坐在火山口。任何時候，這個火山都可能爆發；他不是自殺就是殺人——情況只會比這嚴重。

就是因為這些宗教的壓抑，這個世界上才會有這麼多的色情文化。色情之所以存在是因為傳教士，而不是因為《花花公子》雜誌。事實上，《花花公子》雜誌只是傳教士的副產品而已。這個世界上之所以會有這麼多的色情存在，是因為性是如此地備受壓抑；它想要找到某些方式，某些出口。一旦你壓抑性，它就會開始找到扭曲的方式。它可以變成一種政治上的把戲——但那是性慾，那仍然只是被壓抑的性慾。這就是為什麼在這個世界上的所有軍隊裡，性都是被壓抑的。

而美國士兵長久以來一直都有著困難，其中的原因很簡單，因為這是第一次軍隊允許某種性的出口存在。美國士兵沒有辦法贏得戰爭；他們是一定會戰敗的。不論他們做些什麼，不論他們去到哪裡，他們都會戰敗，理由很簡單，因為美國士兵是這個世界上的一種新現象——他們不壓抑性。他們無法戰勝蘇聯——他們甚至無法打敗越南。貧窮的越南人擊敗了這個世界上有史以來軍事力量最為強大的國家之一，只因為如果性受到壓抑，人可以變得非常危險，極度的危險——他的內在沸騰著。他想要重擊，他想要暴力。而一個性慾獲得滿足的人不會真的對殺戮產生興趣。事實上，針對美國軍隊的所有調查顯示至少有百分之三十的士兵不曾在戰場上使用過他們的武器；百分之三十是一個很大的比例！如果有百分之三十的士兵完全不曾使用過他們的武器，他們就只是每天到前線然後再回返，不曾殺掉任何人，他們要怎麼獲勝呢？他們對殺戮不感興趣，他們沒有殺戮的欲望。

只有當性受到極度壓抑時，殺戮才會升起。這是很奇特的一個現象，每當一個社會是富足、豐盛且性開放的時候，它會被貧窮、落後而壓抑的社會所擊敗。這是希臘文化的命運；這是羅馬文化的命運；這是印度文化的命運；這也會是美國文化的命運。這是很奇特的現象，一個越是發展的社會，它也變得越是脆弱，越是容易被那些發展較少的社會所摧毀，因為這些發展較低的社會較為壓抑——他們比較魯莽，他們比較愚笨；他們仍然持續地傾聽傳教士。他們是愚民，但是愚民是最危險的一群人。他們可以擊敗任何人，因為他們是如此地壓抑性，以至於許多受到壓抑的能量準備要爆發。任何藉口都足以帶來爆發。

這些人要為世界上的所有強暴罪負起責任。這是我印度女門徒的經驗。和我一起在這裡她們需要付出很大的代價，因為不論她們去哪裡，那些所謂受過教育的印度宗教人士都會以一種貪婪的眼光注視著她們，就像要把她們撕裂一樣。每當他們有機會，他們會推擠她們，打她們，他們會做出任何醜陋的事情。婦女們受到騷擾、被強暴。而他們居然還是這個世界上偉大的印度教徒、偉大的宗教人士，具有偉大靈性的人們！但是，這其實是自然的；我看不出這其中有任何矛盾。因為壓抑會找到任何機會呈現出來。你問我：「我天主教的頭腦一直是緊繃……」它不可能是別的樣子了。你需要放掉它，完全地放掉它。你無法保存其中任何一點。也不要試圖留存任何一點，因為它全都受到了污染。

你說：「我天主教徒的頭腦過去一直為權力、讚賞、愛和性而掙扎緊繃著……」它是注定會如此的。如果性受到壓抑，它會開始朝著其他方向流動。它會變成對權力的欲求。如果性被壓抑，你會開始尋求認同；那是針對愛與欣賞的可憐替代品。現在，你在這裡，你開始覺知到自己對愛有著莫大的需求，但是你害怕——你天主教的頭腦是反對愛的。天主教的頭腦說：「你只能愛神。」在這裡，你要如何只能愛神呢？這根本就是一派胡言。你需要愛的是人；這是你愛神的唯一一種方式。無條件地愛，毫無索求地愛。但是，你需要愛的是你周圍的人——這些人是神所體現的形式；你無法愛無形的東西。他們說：「愛神，然後避開男人。」這裡，他們教導修女要「愛基督」；然後那些修女被稱為「基督的新娘」。這是多麼的荒唐！這個男人從來不曾結過婚，現在卻有這麼多女人要嫁給這個可憐的傢伙：「基督的新娘。」這時候，她們當然會開始想像、投射，然後她們的頭腦會開始玩把戲。

如果你注意一下中古世紀的僧院和修女院，你會覺得很驚訝。有過上千個案例記錄著修女被惡魔以及它的手下所強暴；不只如此，有些修女甚至會有假孕的現象。這是什麼樣的想像力啊！當女人想像時，她可以想像出非常不得了的事情。男人不那麼擅長想像，但是女人真的非常能夠想像。修女在法庭上懺悔。而這些法庭又做了些什麼呢？這些法庭是由主教、大主教和教宗所構成的。這些法庭會詢問細節；事實上他們極盡可能地享受著惡魔跟修女做愛的各種細節。如果你深入那些細節，你會發現它們遠比任何書寫下來的文字都更為色情和淫穢。

那些修女必須懺悔，她們懺悔的事情很奇怪：惡魔在夜晚到來，跟她們做愛，而她們則是完全無法動彈……她們沒辦法做任何事情。當惡魔到來，占據她們的時候，她們能做什麼呢？各式各樣的性倒錯都出現在僧院裡。如果沒有僧院和修女院的話，性不會變得如此倒錯。而目前控制這個世界的人有著各式各樣的壓抑。

你需要放掉你的整個頭腦。你說：「靜心翻攪起挫折。」它會翻攪起挫折。這其實跟靜心無關；靜心只是把你的真實帶出來，看到這些部分會讓人感到挫折。看到自己頭腦裡的醜陋，你覺得挫折。但是不要擔心。靜心帶出的是你內在所有被壓抑的部分；你總是需要經歷這個部分。如果你知道有些什麼在那裡，那麼它們就能夠被放掉；如果你不知道，你要如何放掉它們呢？在這些事物被放掉之前，它們需要被看見，被了解。事實上，清楚的了解它們是唯一放掉它們的方式。

有一天，當你可以把頭腦丟進馬桶時，你就不再受到傳教士的影響了。傳教士是這個世界上最狡猾的一群人，也是最愚蠢的人，因為只有愚蠢的人才會是狡猾的。聰慧的人從來不狡猾。他們不需要狡猾——聰慧就夠了。當你不聰慧時，你需要狡猾作為一種替代品；你需要學習狡詐的方式。但是記得，所有的傳教士——天主教還是新教徒，印度教還是回教——所有這些阿亞圖拉（Ayatollah，伊斯蘭什葉派對高級宗教學者的榮譽稱號）、回教高僧和印度教學究都是一群愚蠢的人，但是他們操控人類，並且把整個人類縮減為一群愚民。就是脫離其中！

靜心是注定會翻攪出你所有壓抑的部分，但是這是無可避免的。如果你避開它，你會一直保持同樣的狀態。你會需要經歷這些痛苦，面對自己內在所有這些醜陋。但是你最好還是面對它們，然後穿越它們，到達你內在最深的核心，好讓你可以找回自己本來的聰慧，好讓你可以找回自己遺失的意識。一旦你不再受到傳教士的影響，你也就免於愚蠢的影響。這時候，你既不是天主教徒，也不是基督教徒、印度教徒或回教徒。這時候，你純粹就是一個人類，然後一種無比的美會從你身上升起。

一個天主教的傳教士進入一家寵物店要買一隻鸚鵡。有人向他展示了一隻特別精緻的鸚鵡，他很喜歡牠的外表，但是他很奇怪為什麼有兩條繩子綁著鸚鵡的腳。

他問寵物店的經理：「這些繩子有什麼作用？」

他得到的回答是：「喔，神父，這隻鸚鵡有著非常不尋常的功能。神父，你知道的，牠是一隻受過訓練的鸚鵡，牠過去待過馬戲團。如果你拉牠左腳上的繩子，牠會說：『哈囉！』如果你拉牠右腳上的繩子，牠會說：『再見！』」

「如果我同時拉這兩根繩子的話，會發生什麼事情呢？」

那隻鸚鵡發出刺耳的聲音：「你這個笨蛋，我會從橫桿上掉下來！」

甚至連鸚鵡都比你的傳教士、政客以及那些操控你的人還聰慧。擺脫他們。

靜心是一個過程，它讓你脫離整個過去、擺脫所有的疾病以及所有那些累積在你身上的膿包。它是痛苦的，但是它也是一種淨化，除此之外，沒有其他方式可以淨化你了。

問題　為什麼每個人都想要證明和肯定自己？在這些證明、肯定自己的背後有著什麼樣的心理？

在這些證明自己、肯定自己背後的心理非常簡單。每一個孩子從一開始就被告知他不應該是他現在的樣子。他接受到很多規範、誡律；他必須滿足它們。如果他辦不到，他會開始覺得自卑。因為看起來似乎別人都做到了，只有他沒辦法做到。而這種自卑情節是頭腦最根本的疾病，所有其他的疾病都是因為它而開始出現。

沒有任何一個孩子生來是自卑的。那是父母、師長、傳教士、社會與文化所造成的，他們製造出孩子身上的自卑情節。而孩子唯一能夠脫離自卑的方式，似乎就是根據他人的期待來證明自己的價值。這帶來了非常悲慘的情況。因為孩子他無法朝著自己的潛能成長，他必須跟隨他人的引導。他最終會成為一個不符合自己自然本性的人。他永遠無法感到快樂；悲慘是他注定的命運。他或許能夠肯定自己；他或許設法證明了自己的價值，也或許他無法證明自己的價值——不論哪一種情況，他最終的結局都是悲慘的。

如果他證明自己是有價值的，那麼他在眾人眼裡會是一個受人景仰的人，他會微笑——但是在他的存在深處，那裡不會有花朵綻放。表面上，他顯得有威嚴，但是內在深處他知道他背叛了自己。他犯下了最嚴重的一種罪：他背叛了自己的自然本性。他違反了自己的存在，聽從了各式各樣的笨蛋。

如果他成功了，他會是悲慘的。如果他沒有成功，他仍然還是悲慘的；因為他失敗了。其他人是對的，他就是差人一等，他不屬於上等人士，他是下等人。那讓人感到受傷——因為沒有人比較優等，也沒有人比較差勁。

我的意思並不是指每個人都是平等的。我不是共產主義者。對我來說，共產主義已經過時了。它跟基督教、佛教、回教一樣的僵化。我的方式是全然不同的。

過去，只有兩種可能性：一是人都是平等的——人人平等——或是人是不平等的。我而有第三種可能性：人是獨特的，無可比較的。人無法被比較，所以你怎麼能夠說誰比較優秀，誰比較差勁呢？金盞花比玫瑰花差勁嗎？但是你是怎麼決定的呢？它們有著自己獨特的個體性。這整個存在只會生產獨特的人；存在不相信複製品。所以這種平等、不平等的問題根本不會出現；我從根源就斬斷了它。

有一個希臘故事：

有一個瘋子國王建造了一棟房子專門給他的客人居住，而他還用金子打造了一張床。當客人進入那間房子時，他們都無法相信——那些客人也是國王——他們會接受到熱忱的歡迎，有著許多的敬重和榮耀：「人們認為這個人是個瘋子，其實他不是啊！」但是很快的，他們就會發現他確實是個瘋子。

他的瘋狂在於來訪的客人必須符合他床的長度。如果客人太高了，那麼他需要變矮——他的腿會被砍掉一節。如果他是太矮——我想這個人一定是牽引術的發明人——這個國王擁有強壯巨大的摔跤選手，他們會從兩頭把客人拉長來符合床的尺寸。至於他們是活是死，那不重要；重要的是床的尺寸！大部分的客人都死了。

這種讓每個人變得平等的概念，把人切砍成同樣的尺寸——不論是在經濟、教育還是其他方面上——都是荒謬的，因為不平等會顯示在其他的向度上。人們的美就不是平等的——這麼一來，明天的整容手術要把人們的美都變成是平等的！人們的膚色不一樣——然後有一天你要把顏料注射在他們身上，讓他們有著同樣的膚色！

所有一切都是獨特的；你沒有辦法找到兩個一模一樣的人——而共產主義的概念是所有人必須是平等的！在聰慧上，你就沒有辦法把他們變平等。音樂天才跟數學天才是完全不同的世界。如果你想要他們平等，那麼你會摧毀天才所具有的高度和顛峰，把他們縮減為最低標準。這麼一來，共產主義會是人類歷史上最大的殘害。

我支持人所具有的獨特性。

是的，每個人不論男女都應該獲得同樣的機會。換句話說，每個人都應該獲得同樣的機會，允許自己的獨特性發展。機會是一樣的，但是數學家應該成為數學家，音樂家應該成為音樂家。但是到目前為止，沒有一個社會允許個體是自由的。

你認為你是自由的。你只是生活在幻象裡。只有當人們不在孩子身上製造出自卑情節時，人類才會是自由的；否則，這種自由是虛偽的。其他人一直試著把你變成一個木偶。我這一生一直都有這樣的問題……

父母親所懷抱的意圖並不壞，師長們所懷抱的意圖並不壞。我從來不懷疑他們的意圖——但是我懷疑他們的聰慧。我懷疑他們對人類本性的了解，他們不知道人類能夠擁有的成長和潛能。

當我要上大學的時候，那在我家裡引起了風暴。有人想要我成為醫生，有人想要我成為科學家，有人想要我成為工程師。我傾聽了每個人，然後我說：「沒有人想要我成為我自己。然後你們還都認為自己是為我好！全家族裡沒有一個人……」——在印度，家庭都是大家庭；我的家族就有五、六十個人——「你們沒有一個人說：『我們想要你就是你自己。』你們為什麼要把你們的概念加諸在我身上呢？你們有什麼樣的權利嗎？如果你對醫學感興趣，那麼你就是去成為一個醫生！為什麼我需要滿足你們的欲望呢？你們是在把我變成一個木偶，一個工具。我要對家裡的所有人說不。我要做自己想做的事情，我要讀哲學。」

他們全都笑了。他們說：「讀哲學？那麼你一輩子都會是個乞丐。」

我說：「至少我會覺得滿足，這是我自己的選擇，不論我做什麼，我都是獨立的，沒有人能夠操控我。成為一個醫生然後變得富有，或是成為一個科學家然後變得富有，那不會讓我的心感到滿足。我會永遠記得那是別人的把戲——而我是被迫這樣做的！甚至連你們的諾貝爾獎都無法讓我感到滿足，喜悅來自於自由。」

我知道他們會做什麼，所以我說：「我知道你們在想什麼，你們會說：『這麼一來，你走你的路，我們不會提供你經濟上的支持。』」我說：「這很清楚。我沒有怨言。我不聽從你們的建議——我就沒有權利接受你們的經濟支持。就算是你們想要給我，我也不會接受。」有兩年的時間，我自己賺取金錢——晚上工作，白天上課。我的父親覺得非常難過和抱歉。他來找我很多次，他對我說：「忘記所有那些事情。你現在在摧毀自己的健康；你沒有時間休息，你沒有規律的作息。」

最後一次，他來找我時帶著淚水：「除非你接受我每個月給你的錢，不然我會坐在這裡絕食，不會離開。」

我說：「這是有意義的。你終於接受並且尊重我的願望。我這兩年的時間並沒有白費。」那其實很困難，那一點都不舒服：一天忙碌二十四小時——只有偶爾當我有空的時候，才能夠睡覺和用餐。

他說：「我們很抱歉。我們沒有想到你會堅持這麼久。」

我說：「記得一點。每當我想做什麼的時候，我可以一直做下去。」

當我從大學畢業回家時，除了我父親以外，沒個人會問我：「現在，你要做什麼？」

我說：「你不用擔心。我已經在大學裡有一份哲學老師的工作了。」因為在那六年的時間裡，我證明了我對哲學的熱愛，我對於哲學的見解，以及對於複雜哲學的原創見解，我大學裡的每一個老師以及副校長都要我在研究所畢業之後，馬上成為大學裡的老師。

我說：「這些都不重要……如果你能夠全然地做某件事情，你可以把沙漠變成綠洲。你可以把乞丐般的人生變得像是帝王一樣。唯一的一個問題是：你的內在不應該有著自卑情節。而你們沒有辦法在我內在創造出自卑情節。」

我從來不曾證明我比任何人優越。對於操控他人，我從來不曾有這種肯定感。但是我從很年輕的時候就已經開始演講了，從我中學時期就開始了，我當時的校長很驚訝。他沒有辦法相信一個學生可以做出這樣的演講。

然後我在大學裡持續地演講。我獲得許多的盾牌和獎盃，印度各地的校際比賽，到後來我母親問我說：「我們要把你一直不斷帶回來的這些東西放哪裡呢？」但是我從來不曾在學校裡學習過演講或修辭。我也從來不曾閱讀過任何跟演講有關的書籍，只因為我想要當我自己。我為什麼要閱讀其他人的書呢？我可以用我自己的方式來說話。

問題出在哪裡呢？每個人都說話，每個人都可以相當美好地說話。但是有些事情會發生，如果你把他帶到講台上，面對麥克風的時候，有些奇怪的事情會發生。你會忘記如何說話——但是那是你從小就開始一直在做的事情。但是站在上千個人面前，有上千隻眼睛看著你，你開始害怕自己是否能夠根據他們的期待來表現。某種程度來說，這是你的自卑情節為你帶來的麻煩。否則，對一個人說話跟對一百萬個人說話是一樣的。

如果你的內在是清澈的，沒有自卑的傷口，那麼誰在意人們對你的期待呢？你不滿足任何人的期待。你就只是根據自己的見解、直覺和聰慧來過自己的生活。而事情應該就是這樣。一個健康的人類不應該有自卑情節。至於故事的另外一面是：如果你沒有自卑情節，你也永遠不會試著要變得優越。你不需要比任何人變得優越，不需要去操控他人、掌控他人、控制他人——你永遠也不會成為一個政客。

基本上，只有那些受苦於自卑情節的人才會被政治所吸引。受到政治吸引這件事情本身就顯示了他們的問題。任何被政治所吸引的人應該馬上接受心理治療。所有的政客都是有病的，沒有任何例外。除非他們生病了，否則他們不會成為政客。

一個對於凌駕於他人之上的力量毫無欲求的人，不需要證明自己……這根本是沒有必要的！他活著，他呼吸著，做著自己的事情；這就足以證明了。他已經簽署了自己的存在。很明確地，那是他的署名，不是其他人任何的。

記得一點，甚至連你的指紋在這整個世界上都是獨特的，更不要說你的存在了。如果大自然不曾創造出兩個同樣的指紋……這是什麼樣的關愛啊！它甚至不會偶爾犯錯創造出兩個一樣的指紋——而這個地球上有著五十億人口。

你的存在有著如此的重要性，它是無可取代的。

你就是你自己。做一些你想做的事情——不是為了獲得肯定，而是為了表達你自己！唱你自己的歌，跳你自己的舞，就是享受著大自然要你所是的樣子。

如果我們可以摧毀自卑情節……這其實是很簡單的：只要師長和父母們能夠保持覺知，不把自己的想法加諸在孩子身上。只要二十幾年，新的一代就不會再有自卑情節。透過他們，所有的政客、總統、首相都會消失。而這些人的消失會是一種莫大的釋放。

人們會表達自己的創意。他們會成為音樂師、舞者、畫畫的人、木匠。這個世界上會有著各式各樣的創意。但是沒有人試圖跟他人競爭；他就只是盡其所能而已。那是他的喜悅。讓人喜悅的不是競爭，讓人喜悅的不是成為第一；讓人喜悅的是行動本身。喜悅不是來自於行動之外，而是來自於行動本身。

這是我對新人類的想像。他工作，但是他的工作是他的人生，他的根本靈魂。不論他做的是什麼，那並不重要。

這讓我想起亞伯拉罕・林肯。當他成為美國總統時，他的父親是個鞋匠。很自然地，那些自我主義的人覺得受到冒犯，一個鞋匠的兒子居然成為總統。他們是貴族、超級富有的人，他們認為自己與生俱來就應該位居高位。一個鞋匠的兒子？

在那一天，當林肯要進行他的總統就職演說時，一個人從人群裡站起來。他是一個非常富有的貴族。他說：「林肯先生，你不要忘記你的父親過去曾經為我的家族製作過鞋子。」然後整個參議院的人都笑了；他們以為他們戲弄了亞伯拉罕・林肯。

但是林肯——這種類型的人——是由完全不同的品質所構成的。林肯看著這個人然後說：「先生，我知道我父親過去為你的家族還有在座許多家族製作過鞋子……因為他製作鞋子的方式，沒有其他人可以做到。他是一個創造者。他的鞋子不只是鞋子，他把自己的靈魂都傾注在其中。我想要問你，你有什麼要抱怨的嗎？因為我也知道如何製作鞋子；如果你有任何抱怨的話，我可以為你製作另外一雙鞋子。但是，我知道從來沒有人抱怨過我父親的鞋子。他是一個天才，一個偉大的創作者，我以我的父親為榮！」

整個參議院都一片沉默。他們不了解亞伯拉罕・林肯是什麼樣的人。他把製造鞋子變成了一項藝術，一種創造。而他感到驕傲因為他的父親所製造的鞋子是如此的美好，以至於從來沒有任何人抱怨過。甚至即使他已經是美國總統了，他仍然準備好製作另外一雙鞋子，如果有人抱怨的話。

那個先前說話的人看起來很愚蠢！林肯堅持著：「你需要說話！你為什麼變得沉默？你想要把我變成一個傻子，但是現在，看看四周：你把自己變成了一個傻子。」

你所做的事情是什麼並不重要。重要的是你如何進行它的——根據自己的意願，自己的見解，自己的愛來進行。這時候，不論你接觸到什麼，它都會變成金子。

問題

請你談一談「自發性（spontaneity）」以及「在自己身上下功夫」這兩件事情之間的關係？我們難道不該盡我們所能地愛嗎？如果有些事情或方法能夠增進我們喜悅的能力，我們不該去做嗎？我們不該放掉自我嗎？很多良善之士都曾經寫過愛可以開始於意志，然而嘗試讓自己變得具有自發性似乎是矛盾的。請你就此做一些評論。

人們需要在自己身上下功夫，但是是以一種反面的方式。人們無法以一種正面的方式在自己身上下功夫，因為問題不在於創造些什麼，而是在於發現那些已經存在的。

當你繪畫時，那是一種正向的行動——你在創造出一副畫——但是當你挖一口井的時候，那是一個反向的行動。水已經在那裡了，你只是移除幾層泥土、石塊和石頭而已。只要你能夠移除它們，水就會出現了。水在那裡，你在這裡，而在你們之間有著一層障礙，所以你需要移除那些障礙。這就是我所謂反向的工作。

人們已經擁有他所尋找和追尋的。真實已經在那裡，喜樂已經在那裡，愛已經在那裡——換句話說，神已經在那裡。神不是一個人，神代表的是一種集合，神代表了所有那些超越了頭腦的寶貴事物。但是頭腦是一種障礙，你需要挖一口井。你需要移除幾層思想、記憶、欲望、幻象和夢想。一旦你打開了頭腦通往那超越性層面的大門，你會發現，所有你一直想要的都在那裡。

當佛陀開悟時，他笑了，他並不是刻意對誰說話，而是對他自己：「這真是荒謬！我為了追尋這一點花了上千世，而它一直就在我的內在深處。」

那所追尋的事物就在追尋者的內在。因此《奧義書》說：要找到它的方式就是neti neti。Neti的意思是：「不是這，也不是那」；它是一個消去的過程。你不斷地抹去、去除。最後，當再也沒有什麼能夠被去除，沒有什麼能夠被抹去，當你全然地放空自己時，你就找到了。

所以你需要了解的第一件事情是：「在自己身上下功夫」，這帶給你一種正向工作的感覺，但這是錯的。在自己身上下功夫指的是一種反向的過程；它是放空自己。當你的頭腦以及頭腦裡東西都被放空時，自發性會迸現。一旦你了解這個過成是反向的，那麼這個過程和自發性之間就沒有矛盾了。

自發性意味的是沒有任何事物阻礙你的自然本我去表達它自己。所有的岩石都已經被移除，所有的門都已經打開。現在你的自然本我可以唱它自己的歌，跳它自己的舞。

這兩個名詞我都會使用。有時候我說：「在你自己身上下功夫」，有時候我說：「讓自己是自發的。」一個邏輯的頭腦一定會覺得矛盾，但是它一點也不矛盾——因為在自己身上下功夫意味著neti neti，不是這，也不是那。

自發性不需要被創造出來；如果它能夠被創造出來，它就不是自發性了。這時候它是矛盾的：如果它是被培養出來的，那麼很顯然地，它不是自發性。一個培養出來的自發性不可能是真實的；它會是虛假的、偽裝的，它只會是一層面具罷了。你只是在演出，你並不是真的出於自發性。而且它沒有辦法是深入的；它只會是外在的一層塗層。只要輕輕刮一下這個被稱做有修養、自發性的人，他所有的自發性都會消失。他只是在表演，那不是真的自發性。

真正的自發性來自於中心，它不是培養出來的，這就是為什麼我們把它稱為自發性。沒有任何方法可以培養它，沒有方式可以創造出它——也沒有這種必要。但是如果你想要成為一個演員，如果你想要表演，那是完全不同的一回事，可是你要記得：任何真實的情境會馬上引動你的頭腦。它會衝上表面，然後你所有的自發性都會消失。

那是嘉年華期間，一個同志把自己裝扮成獅子。一個獵人拿著獵槍靠近他，發出「砰！砰！」的聲音假裝射擊他。這隻獅子倒地死亡。群眾覺得好玩有趣。

當這個獵人要離開時，這個同志拉掉他獅子的頭套輕聲細語說：「親愛的，叢林裡的法則是：如果你殺了，你就吃掉牠！」

任何培養出來的只會停留在表面，那只會是一齣戲而已；它不會是你的真實。所以，我會說你第一件要記得的是：自發性需要被挖掘——或者比較好的說法是：它需要被重新發現。你已經失去你的自發性，因為你已經經過太多的教養——這麼多的規範，這麼多的道德、美德、品德。你已經學會扮演這麼多的角色，這就是為什麼你已經遺忘了當你自己的這種語言。

你問的第二件事情：「我們難道不應該盡我們所能地愛嗎？」

愛從來不是一種「應該」；它沒有辦法被命令。你沒有辦法強迫自己盡可能地去愛。但是這就是人們一直在做的事情，而這也是為什麼愛從這個世界上消失不見了。從一開始我們就讓孩子變得虛假，而每一次的虛假都創造出精神分裂，創造出雙重人格，創造出分裂。每個孩子生來的時候都是完整的，但是我們把他區分為二。我們告訴他該壓抑些什麼，該表達些什麼。我們告訴他什麼事該做，什麼事不該做；至於他自己是否真的如此感覺，那根本不重要。而孩子是如此地無助與依賴，他只能聽從我們的命令。

面對孩子時，我們還無法是民主的，我們是獨裁的。我們談論民主，但是我們的整個方式，我們生活的根本模式就是獨裁，一點都不民主。它是反民主的。孩子從來不被允許當他自己；我們從一開始就強迫他成為某人。而他必須聽從我們，因為這跟他的生存有關。如果他不聽從的話，他就有危險了：他沒有辦法獨自生存，他只能妥協，而每一次的妥協就是一次作假。

我們對孩子說：「我是你父親——愛我！」就好像只因為你是父親，所以很自然地，必然地，愛應該要朝著你流動。如果那真的是必然的，你為什麼還需要要求呢？當你要求的時候，那就已經顯示它不是必然的。孩子可能會愛，可能不會愛；這取決於你，取決於你是否值得被愛。光只是成為一個父親並不代表任何事情。

而父親的這個制度其實是人為的；它一點也不是自然的，它是人為發展出來的。有一天或許它會消失，因為過去有一段時期它並不存在。有上千年的時光，人類的生活是沒有父親這個位置的。你可能會很驚訝地知道伯伯這個字眼要比父親這個字眼還更為古老，因為母系社會出現在父系社會之前。當時有母親，卻不知道父親是誰，因為當時的母親會跟許多人結合與融合。當然孩子一定是有父親的，只是沒有方式知道誰是孩子的父親。所以所有人都是伯伯——所有可能是父親的人都叫做伯伯。伯伯這個字眼在每一個語言裡都要比父親這個名詞還古老。

對於神，一個比較好的稱呼是天伯（God the Uncle），而不是天父——這比較親切！但是猶太人的經典《塔木德》（*Talmud*）說：「神不是你的伯伯。如果你不聽從祂，如果你不跟隨祂，祂會把你扔進地獄。」裡面的句子就是這樣：神並不友善，神不是你伯伯。

我要對你說，神不是你的父親，他是友善的，稱他為伯伯會比較好。

父親這個制度會出現是因為私有財產制的產生；它們是有關連的。父親代表了私有財產，因為當私有財產出現時，每個人都想要自己的孩子來繼承它：「我會離去，但是我的一部分會繼承我的財產。」私有財產先出現，然後父親跟著出現了。為了要絕對地確保「孩子是我的」，一個概念開始在世界各地的社會裡流傳開來，那就是女人在婚前必須是處女——否則你很難分辨。因為當一個女人結婚時，她有可能已經懷孕了，她可能已經懷了孩子，這麼一來，其他人的孩子會繼承你的財產。所以為了要確保「繼承我財產的是我自己的孩子」，處女的要求被加諸在女人身上。

而你可以看到這其中的不同：男人從來不被期待要保持童貞。他們說：「男孩就是男孩」——那是可以的——但是女孩必須保持絕對地童貞。過去曾經有過各種愚蠢的事情發生過，只因為在結婚之前，女人必須證明她是真正的處女。

有時候，因為意外，那層證明女孩是處女的薄膜會破裂。她可能跌倒，或是因為騎馬，或是其他類似的事情，或是騎腳踏車……這些都是危險的事情，避免它們！它們不利於童貞！那一層薄膜證明女人尚未性交過……在西方，特別是中古世紀，如果意外發生了，女孩子必須去找醫生，他們會放置一層假的薄膜，證明這個女孩還是個處女，否則她很難找到一個好先生。

就是這個私有財產的概念製造出父親，然後又製造出家庭，也製造出男人對女人的占有。如果曾經有過一段時期是沒有父親、沒有私人財產的，遲早有一天這種情形會再度出現，不再有私人財產——父親也會消失。

但是父親堅持：「愛我，我是你的父親！」而孩子必須假裝愛他的父親。但事實上，連孩子對母親的愛都不是必然性。這是大自然的法則，母親對於孩子有一種自然本能式的愛，但相反過來並不是如此——孩子對於母親並沒有這種自然本能的愛。他需要母親，那是一回事。他使用母親，那是一回事，但是大自然的法則裡沒有他必須愛母親這回事。他喜歡她，因為她對他是如此地有用，非常有幫助；沒有她的話，他活不下來。所以他感到感激、敬重——所有這些都是對的——但是愛是完全不同的一種現象。

愛是向下流動從母親來到孩子身上的，不會倒流。而這是非常簡單的，因為孩子的愛會流向他自己的孩子，它沒有辦法倒流——就像是恆河不斷地朝著海洋流動，而不是朝著源頭一樣。母親是源頭，愛往外流動來到新的一代。讓它倒流是一種強迫性的行為，那不自然，也不符合生物性。但是孩子必須假裝，因為母親說：「我是你的母親——你必須愛我！」孩子能怎麼辦呢？他只能假裝，所以他變成一個政客。每個孩子還在搖籃裡的時候就已經成為了一個政客。每當母親進入房間，他就開始微笑——一種吉米．卡特式的微笑！他沒有任何喜悅的感覺，但是他必須微笑。他必須張開嘴巴，做一些嘴巴運動——那有益於他，那是一種生存方式。但是愛也因此變得虛假。

一旦你曾經學習過這種廉價的愛，塑膠式的愛，那麼要發現真實、本質和真正的愛會變得困難。因為，除了父母，孩子還需要愛他的兄弟姊妹，這其實沒有什麼真正的理由。事實上，誰會愛自己的姊妹呢，又為了什麼呢？這些都是被植入的概念，以便維繫整個家庭。但是這整個虛假化的過程改變了你，當你有一天墜入愛河時，那份愛也是假的。

你已經忘記什麼是真正的愛了。你因為對方頭髮的顏色而墜入愛河——這裡，頭髮顏色跟愛有什麼關係嗎？兩天之後，你就再也不會注意到他頭髮的顏色。或是你因為某種特定形狀的鼻子或是某種特定的眼睛而墜入愛河，但是在蜜月之後，這些事都變得無聊！但是，某種程度說起來，你還需要繼續維持關係、假裝和欺騙。

你的自發性已經受到污染和毒化了；否則你不會跟「部分」墜入愛河。但是你只愛上某些「部分」。如果有人問你：「你為什麼愛這個女人或這個男人？」你會回答說：「因為她看起來很美。」或是「因為她的鼻子、眼睛、身體的比例。」這點或那點，這些全都是胡扯！在這種情況下，這份愛沒有辦法是深入的，也沒有多少價值。它沒有辦法帶來親密感。它沒有辦法持續終生；它遲早都會乾涸——它是這麼地膚淺。它不是從心裡升起的，它是一種頭腦的現象。因為她看起來像個女演員，所以你喜歡她，但是喜歡不是愛。

愛是完全不同的一種現象，無可定義的、奧祕的——它是如此地奧祕以至於耶穌說：「神就是愛。」他把神和愛成為同義詞，無可定義的。但是這種自然的愛已經消失不見了。

你問說：「我們難道不應該盡我們所能地愛嗎？」

難道你認為你可以盡可能地做些什麼嗎？問題不在於作為。愛是一種心的現象。它是一種超越頭腦和身體的狀態。它不是散文，它是詩。它不是數學，它是音樂。你沒有辦法做它，你只能讓自己身處於其中。愛不是某種你可以做出來的事，愛是一種存在的狀態。但是這些「應該」對於你的自發性來說非常沉重。

你說：「如果有某些事情或是某些方法能夠增進我們喜悅的能力，我們不該去做嗎？」

你的整個概念在於「做」些什麼，然而真實是由本性存在所發現的，而不是透過作為。問題不在於你做些什麼；問題在於讓自己變得寧靜，然後發現你自己的本性存在。

作為永遠都是朝向外在的。當然，如果你想要更多的金錢，你需要做些事情。光只是靜靜地坐著，什麼都不做，春天來臨時……錢不會自然生長！草木會自然生長，但不是金錢。你需要做很多事情：你需要追逐在金錢後方，你需要為它爭鬥，你需要具有攻擊性、野心和暴力；就金錢而言，這是一個充滿競爭的世界。但是，你的本性存在不是某種外在於你的事物。

如果你想要成為一國的總統或首相，你需要做很多事情。你需要不斷地有所作為；毫無休息，毫無平靜。你必須幾乎像瘋了一樣，因為那些爭鬥是非常粗暴的。除非你全然瘋狂地追逐權勢，否則你是無法得到它的。但是你的本性存在不在外面的某個地方，沒有人會跟你爭奪你的本性存在。沒有人能夠進入你的本性存在；你在那裡是單獨的。它已經在那裡了；你只需要轉向內在，你只需要往內看。所以唯一需要的就是靜靜地坐著，什麼都不做……當你什麼都不做的時候——不論是身體上還是心智上——當你處在深深的空隙、停頓裡，當所有的活動都消失了，這時候你會發現你的本性存在。活動製造出塵埃。

當溫斯頓・邱吉爾變得非常年老時，他的醫生問他說：「你現在感覺如何？」他當時生病了。他說：「我現在還是會跺腳，可是我現在沒有辦法像以前那樣帶起那麼多的騷動。」

在這個世界上，如果你想要金錢、權勢和名聲，你需要跺腳，並且盡你所能地製造出騷動。你跺腳的越多、你帶起的騷動越多，就越好。但是對內在世界而言，你需要停止跺腳、停止那些騷動，讓所有的塵埃都落定，你才能夠清楚地看到自己是誰。

所以問題不在於做任何事情。喜樂是你的自然本性——只要發現你的本性存在，你也會跟著發現喜樂。耶穌說：「首先你追求神的王國，所有其他的都將來到你身上。」——他是對的。「首先你追求神的王國」——而那在你的內在，因為他不斷地重複說過：「神的王國就在你的內在。」

所以就是往內，發掘你自己的自然本性，當你發現它的時候，你也就找到了一切，找到真實、找到愛，找到自由、找到永恆、找到神。

你問說：「我們不是應該要放掉自我嗎？」

在你的想法裡，自我就像是某個你攜帶在身上的東西，你可以放掉它。但是自我只是一個幻象，它只是一個概念。它不需要被放掉，它沒有辦法被掉。你怎麼能夠放掉一個概念呢？

比如說：天色在傍晚時分開始變得昏暗，然後你在路上看到一條繩子，它對你來說看起來像蛇一樣。現在，你可以殺掉它嗎？但是，蛇一開始就不存在！你可以避開它嗎？那條蛇一開始就不存在。你可以讓自己不害怕那條蛇嗎？它一開始就不存在，所以所有這些都無關緊要。唯一需要的就是一點光亮——一根蠟燭就夠了——然後你就會看到蛇根本不存在。那只是一個概念，一個幻象，一個投射。當你發現那只是一根繩子時，你還會問這種問題：現在我該拿這隻蛇怎麼辦？我該放掉它嗎？我該忘記它嗎？

當你發現自己的本性存在時，你不會在那裡找到自我。自我只是一種投射：就像是蛇被投射在繩子上一樣，自我被投射在本性存在上。你還沒有發現那條繩子，所以蛇存在；你還不曾發現自己的本性存在，所以才會有自我。自我不知道你的本性存在；對自己的本性存在的無所覺知就是所謂的自我。所以問題不在於放掉它。

但是很多人嘗試放掉它，奇蹟的是，他們甚至成功了！他們變得謙卑。但是謙卑是自我的另外一個詭計，非常微妙的詭計——自我從後門回來了——因為放掉它純粹意味著你還沒有完全了解它，所以它是一定會回來的。

在我曾經居住的那個鎮上有一個非常有名的人，他幾乎就像個聖人，許多人都跟我說：「他是如此地謙卑！」終於有一天那個人來看我；他接觸我的腳對我說：「我只是你腳底的塵埃！」我看著他——他的眼睛卻說著不同的事情，他的鼻子在說著不同的事情——所以我說：「我可以看到你是完全正確的：你就只是我腳底下的塵埃！」

他說：「什麼？」他變得非常生氣。

我說：「我純粹只是同意你所說的！我沒有說任何我自己的話！你先開始的，我只是同意你的話語而已，為什麼你這麼火大？」

我告訴他：「現在，閉上你的眼睛，靜靜地坐著，看到這其中的要點！這是你自我另外一種滿足自己的方式。自我在那裡；現在它是上下顛倒的，就像是sirshasana，用頭頂站立著。但是這是同樣的自我；只是現在它假裝是謙卑的。」

三個基督教僧侶在路上遇到了。其中一個說：「就學識而言，我們這一派是最飽富學識，最精通哲學的。在神學上，沒有人能夠比得過我們。」

第二個說：「你是對的，但是就禁慾苦行而言，你們根本就比不上我們！」

第三個笑了，他說：「你們兩個都是對的，但是就謙卑而言，我們才是頂尖的！」

這裡，謙卑……「我們才是頂尖的！」甚至連謙卑都玩著同樣的遊戲。

請不要放掉你的自我！了解它，覺知它，把覺知的光芒帶進來並且看著——然後你不會發現它的。你找不到它，所以哪來放掉的問題呢！不要放掉它。如果你放掉它，它會用其他形式再一次回來。它沒有辦法離開你——它只是無意識頭腦的一種老舊習慣。

南美洲國家的政治情況非常不穩定。軍隊非常擔心。他們設法逮捕國內最大的謠言製造者，判處他死刑。

那個謠言製造者面對著牆壁排成一列等待受刑。當「開火！」的命令響起時，那些人都倒下去。一會之後，這個謠言製造者發現自己沒死。

將軍走向他嚴厲地對他說：「你是一個製造謠言的混蛋，我這樣做只是為了嚇唬你。子彈是空心的！我希望你現在學到教訓了，你可以走了。」

這個謠言製造者奔跑到外面街上，在那裡，馬上就有一個朋友接近他問說：「嘿，帕布羅，有什麼消息嗎？」

這個謠言製造者用疲倦的聲音說：「嗯，不要告訴任何人，但是我們的軍隊總部已經沒有彈藥了！」

積習……難改！

自我只是一個習慣，無知的習慣，無意識的——它會回來的。請不要放掉它。不要餵養它，不要放掉它，因為這兩種方式你都在拯救它。就是觀照，然後你會發現它的。

主教收到很多人對於歐瑞力神父的抱怨，因為他在他的倫敦講壇上對大不列顛冷嘲熱諷，所以他的上司跟他說：「你不能在你的聚會裡用這種方式演講。記得博愛的原則，還有你如此嚴苛的是你自己所居住的國家。下週我會讓你再進行一個布道。你不可以再沉溺在自己的偏見裡。」

歐瑞力神父順從地接受了這個指責，主教也參與了隔週的教會聚會，檢查了歐瑞力神父的表現。他沒有找到任何可抱怨之處，歐瑞力神父的講道裡完全沒有提到殘忍、粗暴又血腥的撒克遜人。主教滿意的留意到歐瑞力神父的演講即將來到尾聲，他進行了一節良好的宗教宣導，而不曾有任何惡意：「……耶穌問了他所有的使徒，然後他轉向猶大，」歐瑞力神父繼續接著說：「猶大，你會背叛我嗎？」

然後神父暫停了一會，看著四周，然後繼續說：「猶大注視著耶穌，毫不猶豫且帶著一種惡意回答說：『長官，當然不會啦！』」

整個布道進行的很順利，但是他的偏見從後門回來，所以他說：「長官，當然不會啦！」——可能連他自己都沒有意識到他說了這樣的話語。

你唯一一件需要記得的就是觀照自我，然後你不會找到它的——從來沒有人找到過自我。不論是誰，所有尋找過的人都不曾發現過它，而那些試著要放掉它的人從來都無法擺脫它。

然後你問說：很多良善之士都曾經寫過愛可以開始於意志。

這根本就是胡扯！愛永遠不可能開始於意志。意志意味著努力，意志意味的是負擔，意志意味的是強迫，意志意味的是誡律。意志意味的是強迫自己去做一些違反自己的事情。

愛無法透過這種方式開始，如果愛是透過這種方式開始的，那不會是愛，而是別的事物。如果起頭錯誤了，如果第一步就錯了，最後一步不可能是對的。

我知道很多良善之士曾經這樣寫過，但是那些良善之士都是假的。他們不是佛陀，他們不是覺醒的人。他們跟所有其他人一樣地盲目，他們跟所有人類一樣地盲目。他們善良——他們試著要善良，他們設法是善良的——但是他們的內在在沸騰著。他們純粹是壓抑自己，如此而已，而且他們成功地壓抑了自己。他們創造了美好的外表，然後隱藏在這層外表底下。他們或許帶著眼鏡，但是他們是盲人。

要知道自己是個盲人是很困難的一件事。你可以是善良的，你可以非常有誡律，你可以是有道德規範的，你可以有良知——但是除非你有意識，否則你沒有眼睛。那些良善之士之所以是好的，是因為他們跟隨群眾的規則。而這就是為什麼被某個社會認為是好人的人，在另外一個社會不見得會被視為是好人。印度教徒認為拉瑪克里希納開悟了。但是如果你去聽耆那教徒的看法，他們不會同意你的，因為拉瑪克里希納一直在吃魚，而根據耆那教的道德，一個吃魚的人是不可能開悟的。要開悟你必須絕對地素食。

你認為耶穌基督是好人嗎？問一問印度教徒，問一問佛教徒、耆那教徒，他們會說：「他一點都不好！」根據他們的道德規範，根據他們的哲學，一個人如果這一世受苦的話只因為他前世犯過罪——而被送上十字架是一種莫大的痛苦。這證明了耶穌基督過去必然犯下嚴重的罪行，他可能殺過人，強暴過人，他必然做過一些非常糟糕的事情，否則他為什麼會被送上十字架。

耆那教徒說當馬哈維亞——他們的先知，他們的基督——走在路上時，如果路上有荊棘，那個荊棘也會馬上把自己縮起來，光只是看到馬哈維亞接近，即使是荊棘都不想讓馬哈維亞受傷。他已經結束了所有的惡業，所有的痛苦都已經結束——所以你要如何解釋被送上十字架這種事情呢？耶穌在他的前世必然是個罪犯——他可能是成吉思汗、帖木耳、納迪爾沙（伊朗阿夫沙爾王朝開國君主）或希特勒——或是跟他們一樣的人！

問一下基督教徒對於馬哈維亞、佛陀和尚卡拉這些人的看法，他們會說這些人是極度自私的人——就只管自己靜心，不曾服務過任何窮人。耶穌協助過盲人，賦予他們眼睛，把石頭變成麵包，他服務過窮人，甚至讓死人復生。他一輩子都在服務人類。現在，在馬哈維亞的一生裡，他服務過人類嗎？赤裸地站立……那是服務人類嗎？就只是閉著眼睛靜心，享受自己的本我、喜樂——這是服務人類嗎？當整個人類都在受苦時，而你卻在享受自己——這還算是人嗎？這一點都不人性化！不論是佛陀、馬哈維亞還是克里希納，根據基督教徒的看法，這些人不可能是良善之士。克里希納做過什麼呢？他就只是演奏著笛子，然後一群女孩子圍在他身旁舞蹈，而所有人類都在痛苦著！這世界上有這麼多的窮人、盲人，他們需要醫院和學校。

你認為如果克里希納還在世的話，他會得到諾貝爾獎嗎？加爾各達的泰瑞莎修女獲得了諾貝爾獎，因為她經營孤兒院，服務貧窮困苦人士。而這個克里希納，與其是服務窮苦人士，他朝著那些揹著牛奶壺的可憐女孩扔石頭，結果她們的壺破了，牛奶灑落出來……然後還有人把這個人稱為神！與其是協助貧窮人士，他會當婦女在河邊洗澡時，拿走那些可憐婦女的衣服，然後坐在樹下等著。這是什麼樣的宗教精神？這個人應該被送去警察那裡！

如果你看一看周圍，誰是好人呢？穆罕默德是好人嗎？是誰一輩子都帶著劍，殺了許多人還爭戰不休呢？根據佛陀的看法，他不是好人，根據馬哈維亞的看法，他不是好人——他是個暴力分子，他還娶了九個女人。這裡，這會是一個有品性的男人嗎？一個有品性的人會保持獨身！尚卡拉是一個有品性的人，他一輩子保持獨身。

耶穌喝酒。這裡，穆罕默德是無法同意他的——他非常反對酒。另外，克里希納吹笛子——穆罕默德也不會認同這是個好人。他對音樂過敏就像是我對香水過敏一樣！他極度反對音樂的。

現在，誰是好的、良善的……？我們所有關於好的概念都是人為創造出來的。

只有覺醒的人是良善的。因此，根據我的看法，這些覺醒的人是良善的。行為根本不算什麼，只有意識才是重要的。根據我的看法，馬哈維亞是良善的，克里希納是良善的，穆罕默德是良善的，佛陀是良善的，拉瑪克里希納是良善的，基督是良善的，理由很簡單，因為他們全都覺醒了。這時候，做些什麼或是不些什麼完全都由他們的意識來決定。

耶穌是如此地清醒，以至於他喝酒，但是他不會成為酒鬼。這有什麼不對呢？這沒有任何不對。他必須自己決定；沒有其他人能夠替他決定。馬哈維亞是如此地清醒，以至於他想要像孩子一般地赤裸；沒有什麼需要隱藏的，所以他丟掉了所有的衣服。沒有人能夠像他們這樣如此地決定。當你擁有自己的意識時，你的行為來自於這份意識。對我來說，「良善」如果有定義的話，那麼它唯一的定義就是：來自於意識的行為，不論那是什麼樣的行為。但是一般來說，我們認為行為有好壞之分。

行為本身既不好也不壞，同樣的飲酒行為是好的，因為那是耶穌的行為，但如果那是一個未曾覺醒的人不斷反覆進行的行為，它會是壞的。這兩個人所做的是同樣的行為！馬哈維亞赤裸地站著是好的，而一個女孩進行脫衣舞就不好了。意識是唯一的決定因素。

你說：「很多良善之士都曾經寫過愛可以開始於意志……」

那些良善好人並不是真的良善；他們只是傳統的、依循習俗的。他們遵循的是各種經典，當你無意識的時候，不論你做出什麼樣的解讀，那都是你自己的詮釋。

一個鄉間的純樸鄉民被選為小鎮上的保安官。雖然他能夠算錢，但是除了寫自己的名字以外，他從來沒有學過讀、寫。他沒有辦法閱讀法律條文，也不想讓人知道他的無知，他自己發展出了一套懲罰系統——不是根據法律書籍裡的條文，而是根據一本西爾斯百貨公司的目錄。

有一天一個陌生人來拜訪他在小鎮上的表兄，他因為超速而被抓到。當他被判有罪時，保安官莊嚴地用手指劃過他的目錄，然後罰他九塊錢。那個人很生氣自己被對待的方式，所以跟自己的表兄抱怨著。

他的表兄說：「你很幸運了。他罰你的是陽傘的價錢，只有九塊錢，如果他翻到另外一頁，他就會罰你三百八十五塊錢，那是鋼琴的價錢。」

人們在他們的經典上翻頁著，但是對於自己卻一無所知。他們能夠了解些什麼呢？

那些全都只是目錄！那可能是《吉踏經》、《聖經》或是《可蘭經》，那都沒有差別。你在上面找到都是你自己的頭腦，那反映出來的都只是你，不可能有其他的事情了。你是無意識的——你無法是良善的。

半夜三點的時候，電話裡傳來一個女性的聲音，請求警察盡快趕到。她說她先生被後院的聲音驚醒，當他出去檢查的時候，他落入陷阱，被一個看不見的攻擊者所打倒。

警察局派了一個巡警過去，他幾分鐘之內就到了犯罪現場。半個小時之後，他回到總部，滿臉的不爽，額頭還腫了一個包。

值勤的人問說：「回來了，你找到攻擊者了？」

那個巡警說：「是的，我也踩到耙子了。」

從你的無意識當中，有什麼樣的良善能夠出現呢？你說：「很多良善之士都曾經寫過愛可以開始於意志。」

他們對於愛或是意志一無所知。意志是自我的另一個名稱，而愛則意味著無我。無我怎麼可能透過自我而開始呢？

一個真正的宗教人士不會是一個意志的人。一個真正的宗教人士已經放掉他的意志；他允許神的意志透過他而流動。這就是為什麼當耶穌在十字架上的最後一刻時，他會說：「願你的王國到來，願你的旨意行在地上。」在世界各地有超過上百本談論意志的書籍——它們所說的純粹是自我的力量。一個真正具有宗教精神的人是絕對無我、無個人意志的；他只是一根空心的竹子，一根笛子。不論存在想要歌唱些什麼，他歌唱；如果存在不想歌唱，笛子就保持寧靜。笛子沒有他自己的意志，因為他與存在已經不再是隔離的了。

這種宗教人士是良善的——他的良善在於他與神是一體的，與存在是一體的。他已經讓自己消失融化進入神，他已經忘掉所有的分離，他已經與神合為一體。

愛無法出於意志、透過意志或是出於意志的驅使而發生。你說：「然而嘗試讓自己變得具有自發性似乎是矛盾的。」當然，如果你認為愛可以透過意志而開始，這麼一來，允許自己的自發性或是嘗試變得具有自發性會是矛盾的。但是愛沒有辦法透過意志而開始，所以這其中也沒有衝突。愛的本身就是自發性。

我沒有要你嘗試變得具有自發性。你怎麼能夠嘗試變得具有自發性呢？那是矛盾的！我說的是了解你自己正在做的事情，了解自己的思想和感覺——觀照它。這就是靜心：看著你所有的行為，不論是身體上的、心智上的……當你能夠觀照行為、思想和感覺——這三者是你需要觀照的向度——當你的觀照滋長時，你的意志會進入第四、turiya。《奧義書》所提到的第四。觀照這三者，你會進入第四——就只是透過觀照；這不是嘗試不嘗試的問題。嘗試意味著努力；觀照意味著放鬆，全然地放鬆，就只是看著一切的經過。

思想總是在頭腦的螢幕上經過。就是放輕鬆，坐在一張自在的椅子上，就像是你觀看電視一樣。頭腦是內建的電視！你就是看著，而且它還是彩色的。就只是看著它，你會發現觀照者不是那些被觀照的事物，觀察者不是那些被觀察的事物。然後一種分離會開始出現，你不再認同這個身體頭腦的複合體。就在這個不與之認同當中，你開始回歸自己的中心，你開始根植於自己的本性存在。這帶來自發性。

問題不在於練習。問題在於觀照所有發生在你內在的事物，以及所有透過你而發生的事物，好讓你有一天能夠看到那個觀照者，好讓你有一天能夠覺知到自己的本性。這是人類所能成長的最高峰；在那之後則是空無一物。你成為了一個佛，這時候，不論你做什麼，那都是良善的。不論你做什麼，那都是愛，不論你做什麼，那都是服務，那都是慈悲。

問題

當我看著四周，看著這些回應你召喚的人，我的心靈飛揚著喜悅，這些人就像是我的兄弟姊妹，他們是這個星球上最不尋常的一群人。看著他們所具有的覺知讓我從頭掉落來到我的心。當我忙著處理自己的問題時，我無法看到他們本來的面貌，我會忘記他們不是我所以為的樣子。

這是基本的人類了解之一：如果你想要如實的看到對方，你需要是全然空無的，不帶任何偏見，沒有任何先入為主的概念，也沒有任何批判的態度。

一般來說，沒有人能夠如實地看到他人。他們看到的是他們所能夠看到的。當他們看著他人的時候，他們是透過自己頭腦裡一層厚厚的障礙在看人，透過他們的制約在看人。除非你能夠純粹的看，philosia——從你這一方沒有任何的投射，也不把任何色彩加諸在你所看到的事物上——唯有如此，你才能夠如實地看到事物、看到人們的內在。

有一個偉大的哲學家，康德，甚至放棄了人可以如實看見事物的這種想法，因為他沒有任何靜心的方式來知道事物。他有著絕佳的頭腦，但是頭腦越是強烈，也越是有困難清楚地看。你的頭腦會捕捉任何來到你身上的資訊，過濾它，根據你既存的知識來進行分類，凡是符合的就允許它，至於那些會干擾到頭腦的部分——任何新的、陌生的、奇異的——它會拒絕。

科學發現了一個令人驚訝的事實。在過去，頭腦一直被認為是一種接受資訊的接受器，就像是我們的眼睛、耳朵和鼻子一樣，我們所有的感官是一種門戶，存在因此而能夠進入我們的內在。有上千年的時間，這種古老的知識一直普遍流行的。但是僅僅是過去幾年，科學已經開始覺知到一種全然不同的情況。你的感官並不只是窗戶而已；事實上，你的頭腦只允許百分之二的資訊進入，它拋棄了其他百分之九十八的資訊。

它持續不斷地看守著進入你內在的事物：它們必須符合你的概念、偏見和觀念。如果它們不符合，頭腦會受到干擾，允許那些不符合的新概念進入會帶來混亂。這讓事情變得困難。因此，這意味著你的頭腦不是一種知道的工具，而是一種阻礙了你獲得另外百分之九十八知識的工具。而那百分之二被允許進入的資訊也是錯誤的，因為它是經過調整的；這意味著它跟你既有的知識是一樣的。

只有一個靜心者能夠知道人、知道事物，能夠如實地經驗事物所具有的美，因為他不干涉，他不審查，他不看守。他沒有什麼可失去的。他已經放掉所有那些會造成恐懼的事物；他是全然空無的。

偶爾有些片刻，你是空無的。在這樣的片刻裡，你可以清楚明晰地看到事物。但是當你的頭腦開始發揮作用時，你自己的思想就開始遮蔽一切，那些思想保護你。它們保護那些僵死的，反對那些鮮活的，它們保護那些靜止的，阻礙那些動態的，它們保護，阻礙了實存性的經驗，而那是能夠為你帶來了解的部分。

當你說：「當我看著四周，看著這些回應你召喚的人，我的心靈飛揚著喜悅，這些人就像是我的兄弟姊妹，他們是這個星球上最不尋常的一群人。」你是對的。如果你是寧靜的，如果你的眼睛沒有塵埃，如果你的心就像是一面純粹的鏡子，這會是這裡每個人的經驗。這些人確實是非凡的！我反對整個過去，我反對所有的制約，我反對所有的意識形態，所有組織性的宗教。所以只有非常少數的人，那些有勇氣能夠全然放掉過去的人，才有機會跟我在一起。跟我在一起是有風險的。它是危險的——對你的頭腦來說是危險的。和我在一起意味的是，最後你會需要失去你的頭腦。當然，那不是什麼損失，因為你會擁有某些更為偉大、更為寬廣、不受限的收穫。你會來到一種無念（no-mind）的狀態。

只有無念的狀態才是一道敞開的門；沒有任何批判，它允許你如實地看到事物，而不只是它們該是的樣子，不是你想要它們所是的樣子，也不是吻合你想法的樣子。存在沒有義務要符合你的頭腦。但是某種程度來說，每個頭腦都一直掙扎著要存在來符合自己。但這是不可能的；因此才會有這些苦惱、挫折、深深的絕望與失敗感。

當代的偉大哲學家，那些存在主義者，都失去了他們的勇氣。他們失去了根本的膽量，理由很簡單，因為他們是最精緻、最文明、最飽受教育也是最理性化的頭腦。從他們的頭腦，他們無法在任何地方看到美，他們無法在任何地方看到喜悅，他們無法在任何地方看到希望。他們完全處在深度的苦悶裡。

但是存在在慶祝著。它不斷地帶入新的花朵，不斷地帶入新的星辰，它每個片刻都不斷地帶入新的事物。它持續不斷地更新自己，你可以從樹木、鳥兒、動物、孩子和聖人身上看到有那樣一首歌、一隻舞蹈圍繞著整個存在。但是要看到這一點，你需要把你的頭腦放到一旁去。

有時候，事情自行發生了。傾聽我說話，如果你變得非常的專注，你會溜出你的頭腦。在這少數你溜出頭腦的片刻裡，你會覺知到這群兄弟姊妹的不凡。這些人已經邁出巨大的一步。他們承擔著失去既有頭腦的風險，探索著未知與陌生——以及那全然無可知的向度。他們已經不再試圖去詮釋存在的奇蹟與奧祕。他們已經放掉自己對於金錢、權勢、名聲與尊敬的野心和欲望。現在，他們關注的事物變得非常的簡單和純粹：如何知道，我是誰？

如果你無法知道自己，那麼你所有的知識都是枉然的；如果你知道了自己，你不需要知道任何事情，那全都是無關緊要的。一旦你知道了自己，你也就知道了存在最根本的核心，最根本的中心。而經驗到這個核心是如此地令人感到喜樂、狂喜，以至於不需要……你再也不是一個乞丐；突然間你成為了一個國王。神的整個王國都變成是你的。

這些人鼓起勇氣面對這整個世界。這並不平凡，這是絕對地非凡。就像是一頭獅子一樣地單獨矗立著，而不是身為群眾裡的一隻羊，這是存在裡最大的勇氣。只有非常少的人能夠脫離群眾的心理，脫離集體性的頭腦。集體性的頭腦帶給人一種虛假的安全感。很自然地，它給你一種想法，這個世界上有這麼多人——五十億人口——不可能他們全都是錯的。所以很自然地，你也不需要獨自去尋找真實。他們已經找到了；跟隨他們是容易且便利的……就是當一個基督教徒、印度教徒、回教徒或是共產主義者。這是非常容易的，當群眾圍繞著你的時候，你會覺得溫暖、溫馨。

高高的矗立著，就像是黎巴嫩的雪松，全然獨立地在天空之下，遠離地面，幾乎要碰觸到星辰一樣……那是黎巴嫩雪松所具有的美——它們的勇氣超越了群眾，它們勇於單獨……佛陀過去把門徒稱為獅子的吼聲。所以每當我在空隙裡的時候，如果你跟我處在同樣的頻率上，你也會來到那個空隙裡。這時候，你會開始覺知到自己被一群奇特的人所圍繞著。這不是一般市集上的普通群眾——這些人是追尋者，他們是一群探索的人。這是一群準備好願意為真實而犧牲一切的人。這群人已經放棄了他們外借而來的知識，準備好去尋找某些屬於他們自己的東西，因為那些不屬於你的事物是不對的。它對佛陀來說可能是對的，它對耶穌基督來說可能是對的，但是對你而言，它是不對的。

你是一個獨特的個體，這是你與生俱來的權利。你需要單獨地找到真實，而不是跟隨其他人的足跡。真實就像是天空裡的事物一樣，鳥兒飛過卻不會留下任何痕跡。真實的世界裡不會有耶穌、佛陀或老子的足跡。那是意識的世界：你要在哪裡留下足跡呢？

所有的追隨者，毫無例外，全都是錯的。他們追隨某人，因為他們沒有足夠的勇氣去尋找、追尋屬於自己的真實。他們害怕單獨，「我或許什麼也找不到。而且如果佛陀已經找到的話，我還有必要自己去尋找嗎？」

但是你從來沒有想過，當佛陀喝水時，他解除了自己的口渴，但是那不會解除你的口渴。當耶穌進食時，他的飢餓感會消失，但是你不會因此而得到滋養。你需要進食，你需要喝水；你沒有辦法依賴任何其他人。有這麼多偉大的人曾經愛過，所以，你還需要去愛嗎？你可以就只是跟隨他們。但是，這麼一來，那不會是愛；那只會是一個複製品。而在這個世界上，當一個複製品是最醜陋的一種存在方式。

只有真誠的人永遠是原創的。他不是複寫紙，不是一種重複。他是一首新的歌，一隻新的舞蹈，一個新的開始，永遠永遠都是如此。但是你是對的：「看著他們所具有的覺知讓我從頭掉落來到我的心。」這是一個很美的徵兆。這是很棒的跡象。如果你可以從頭來到心，你就已經得到了社會一直不讓你獲得的一樣事物。社會不想要你是一個有「心」的人。社會需要的是頭腦，而不是心。

我從來沒有去過任何地方……而我曾經到過許多所大學。我拜訪過印度最棒的大學，那是在瓦拉納西，其中最有名的學者之一，哈賈瑞・帕薩德・杜衛迪博士，有一次主持了我將要在其中進行演說的一個會議。他當時是藝術學院的院長和主席。我問他說：「你為什麼被稱為院長(head)而不是被稱為心(heart)呢？」

他說：「你總是會問些奇怪的問題。」——他當時年紀已經很大了，現在他已經過世了。他對我說：「我這一輩子，從來沒有人問過我：『你為什麼被稱為院長(head)而不是被稱為心(heart)？』」但是他思考了這個問題，即使那是一個非常奇怪的問題，他說：「你的問題蠻有意義的。這讓我也開始思考為什麼人們不是稱呼我為哲學院之心——那其實會比較真實、比較本質——但是他們都稱我為哲學院院長。」

社會把頭跟心區分開來。你曾經注意過勞動者被稱為手作者嗎？窮困的人他們是透過雙手工作，手作者，他們被稱為手……而那些在他們上方擔任主管的人則被稱為頭。但是在這其中，心完全不見了；沒有人被稱為心。

如果你的心開始感受到一些波動，那有著無比的重要性，因為你的心要比你的頭來得脆弱。你的頭腦完全是外借而來的……它沒有任何屬於自己的東西。但是你的心仍然是屬於你自己的。你的心不是基督教徒，你的心不是印度教徒，你的心仍然是實存的。它沒有受到污染和腐敗。你的心仍然是原創的，而能夠從頭來到心是一個極大步的躍進。

現在，再往前進一步——從心來到本性存在——然後你就回到了家，你的朝聖之旅就結束了。沒有人能夠直接從頭腦來到本性存在。它們彼此是陌生人；它們彼此完全沒有連結。它們甚至不知道彼此。你的本性存在對於頭一無所知，你的頭對於本性存在也是如此。它們生活在同一個屋子裡，但是它們是全然的陌生人。因為它們的功能是如此不同，它們從來不會碰面，它們從來不會相逢。

心是橋樑。心有一部分它了解頭，有一部分它了解本性存在。心是中途站。當你要朝著你的本性存在移動時，心會是你停留過夜的地方。從心這裡，你能夠看到部分的本性存在，但是從頭這裡是不可能的；因此，哲學永遠無法轉變成神祕學。詩可以轉變、蛻變……繪畫、舞蹈、音樂和歌唱都比較接近本性存在。

但是我們的整個社會都受到頭的控制，因為頭能夠賺取到金錢。它非常有效率——

機械永遠都比較有效率——它能夠滿足你所有的野心。頭是由你的教育系統所創造出來的，而你的全部能量都開始運作起來……繞過心而運作。

心是最重要的，因為它是通往你本性存在、你永恆生命源頭的閘道。我希望這個世界上所有的大學都能夠讓人開始覺知到自己的心，讓人們變得更具有美感，更為敏感……能夠敏感地感受到所有圍繞在我們周圍的事物，這份無比的美，這份無比的喜悅。

但是心沒有辦法滿足你自我的欲望；這才是問題。它可以帶給你愛這種不可思議的經驗，那是一種如煉金術一樣的改變。它可以把你內在最好的那部分，以一種最清晰、最純淨的方式帶出來，但是它無法創造出金錢、權勢和名聲。而這些已經成為人們的目標。

重要的是你不斷地從你的頭溜到你的心。只要稍微再多冒一點點風險：從心溜到本性存在。這是你生命的最根本的部分。但是你發生了什麼事呢？你說：「當我忙著處理自己的狀況時，我無法看到他們本來的面貌，我會忘記他們不是我所以為的樣子。」

什麼是你自己的問題？首先，它們不是你的。就是看著那些問題：他們是各式各樣由他人所餵養給你的垃圾，它們來自於你的父母、你的社會、你的老師、你的領袖、你的聖人；沒有什麼是屬於你的。你的頭過去幾乎被當成是個廢紙桶——每個人都持續地丟東西進去。你的問題不是你自己的：這是第一件你要記得的事情，因為這會改變你的觀點。另外，這些問題只是不必要的負擔，一個你背負在身上幾乎要把你壓垮的包袱。

有一個來自非洲的追尋者，巴伐尼．達亞，他前往喜馬拉雅朝聖。有一次他在炎熱的太陽底下爬山——他全身汗流浹背，他的呼吸變得困難，肩膀上還揹著東西——就在他的前方，他看到一個不到十歲大的女孩揹著自己的弟弟，一個小男孩，但是他很胖。她也全身汗流浹背，當巴伐尼．達亞接近這個女孩時，出於慈悲，他對她說：「我的好女孩，你的負擔會壓死你的。」

那個女孩很生氣。她說：「你身上揹的才是負擔——這是我弟弟，他不是負擔。」在體重機上，或許這兩者都被認為是負擔，兩者都有著重量，但是在心的天平上，那個小女孩是對的，而這個老門徒是錯的。後來他在自己的自傳上寫著：「我從來沒有碰過這種情況，一個小女孩指出了我從來沒有想到的事實。」

頭唯一能夠想到的只有負擔、責任、義務。心對於責任一無所知，它就只是自發性的回應而已。心不知道什麼叫做負擔，因為它知道愛。而愛會讓所有一切都變得輕盈。愛是唯一不受地心引力控制的一種力量。它不會把你往下拉，它給予你翅膀，帶領你高飛超越。

你的問題並沒有什麼特別；每個人都充滿了同樣的狗屎。我們需要清理掉這些「問題」。讓你的頭腦不再有任何問題……而當這些問題消失時，頭腦也會跟著消失。頭腦不過只是你這些問題集合起來的名稱。

老師要他的小學生們說一說，他們曾經對可憐的動物有過什麼樣的仁慈善舉。在好幾個孩子分別訴說過他們激勵人心的仁慈舉動之後，老師問小鄂尼有沒有什麼可說的故事。

鄂尼驕傲的說：「嗯，我有一次踢了一個小男孩，因為他踢了自己的狗。」

你的問題是什麼？就是觀察……我們迷失在這些問題的叢林裡。就是站在一旁看著。

當地的女士團體邀請了她們的新鄰居來享用午餐。在她離開之後，其他女士圍坐著開始討論起這個鄰居。

芬克爾斯坦女士說：「嗯，她看起來非常甜美，但是，我的老天啊！——巴拉巴拉巴拉——我想她從來沒有停下來過。」

羅絲鮑姆女士說：「你們認為她說的都是真的嗎？」

貝克．戈德堡女士用強烈地聲音說：「我會說不，那其中不可能有多少事實。」

就是看著你的問題。是我們的無所覺知不斷地蒐集各式各樣的垃圾。這些垃圾變得如此地厚重，以至於它們讓你無法如實地看到事物真實的本貌；也讓你無法進入自己內在最深的主體當中。

這個世界上的宗教一直在教導人們拋棄這個世界。我會說，不要拋棄這個世界；這個世界不曾對你做錯任何事情。你要拋棄的是你一直攜帶在內在的這些垃圾、這些問題。

但是人們好幾個世紀以來，一直嘗試拋棄這個世界，卻持續著帶著那些垃圾。不論你去到哪裡——在喜馬拉雅山上，在僧院裡——你的垃圾還是會在那裡。你可以拋棄這個世界，因為這個世界從來不曾透過任何方式阻礙過你，但是你要如何拋棄你的頭腦呢？而且如果頭腦是你需要拋棄的東西，你不需要去僧院，你也不需要去喜馬拉雅山；不論你人在哪裡，你都可以拋棄它。更不需要進行那些人們強加在自己身上的苦修。

我曾經聽說過一個特拉比斯特派的僧院。這個僧院的規矩是七年裡面你只能說一次話。一個年輕人進入了這個僧院，僧院的方丈問他：「你有意識到這裡是一種苦修式的生活嗎？特別是你七年不能說話。在這七年裡，你只有一次說話的機會；然後你需要沉默七年。所以，你準備好了嗎？因為這是最困難的部分。」

但是這個年輕人很有決心，有著狂熱的決心。他接受了這個規則，被點化進入僧院。他得到一個茅舍，他看了看那裡的情況……裡面的床跟床墊都髒的不得了——可能已經用了好幾世紀——臭的不得了。在那七年的時間裡，他甚至無法跟方丈或任何人說「請換掉這張床墊。我受不了了……」他什麼都不能說，所以他只能忍受那個髒臭的床墊整整七年。

七年之後，他衝到方丈那裡說：「你幾乎殺了我。馬上換掉那個床墊。它髒到大概連亞當夏娃都用過它！」

這個方丈訂了一張新床墊。新的床墊來了，但是它對這個小茅屋來說大了些。所以那些工人是勉強把它塞進去的，然後塞進去的時候，他們打破了窗戶上的一格玻璃。但是他什麼也不能說——從那之後，水開始從那格破碎的窗戶裡滲進來，雨水打進來，在冰冷的夜晚裡，甚至連雪都會吹進茅屋裡。

他現在的情況比之前那張床墊還更危險！他之前已經習慣了那張髒臭的床墊，但是現在情況更糟了。天氣非常冷……他顫抖著……屋裡一直都是濕的，陽光無法照進來這間茅屋。他說：「我的老天啊，七年……我原本希望情況會變好，但是現在情況變得更糟了！」

在七年之後，他再一次去找方丈，他說：「你送來的是什麼樣的床墊？那些笨蛋打破了窗戶，這七年來我一直飽受風寒，日以繼夜的顫抖著，就只是等著這七年的結束。那感覺起來幾乎就像是永恆。」

方丈說：「好，窗戶會修補好的。」窗戶修補好了，但是經過了七年的雨水和風雪，床墊變得老舊……但是現在，他必須再等待另外一個七年。這個年輕人想著：「我過不下去了。已經過去了十四年。我來這裡是為了找到真實，結果我找到了什麼？我從來沒有想過，這裡的生活簡直是個惡夢。」但是最後那七年也過去了。他已經受苦了二十一年。

他去找方丈說：「這是一個奇怪的地方。二十一年來我一直在以不同的形式受苦著。」

那個方丈非常生氣。他說：「自從你來了之後，抱怨、抱怨又抱怨……從來沒有說過任何感謝的話語！你不配當個和尚。滾出這個僧院。」

他說：「我的老天啊，經歷了二十一年不必要的受苦，現在你還要把我趕出去。」

方丈說：「我們不容許這麼負面的性格。」

就是看著你的問題。你完全不需要承受這些痛苦，它是可以被丟棄的。你應該清理的是你的頭腦。你為什麼不斷地堆積上一層又一層的垃圾呢？因為你把它稱為「我的」問題，你已經產生認同了；它已經變成你的實物。所以第一件事情就是：不要把它稱為「我的」問題。那是由你周圍那些各式各樣的蠢蛋強加在你身上的東西。

我父親有一個朋友，他被認為是當地的智者，所以我父親經常會把我帶到他那裡去，好讓我可以學到一些智慧。我常常就是坐在那裡，用手指搗著耳朵。我父親會說：「我帶你來這裡是為了讓你了解一些事情，而你卻坐在這裡著搗耳朵。你瘋了嗎？」

我說：「我沒瘋，是你瘋了。這個傢伙一直丟著各種垃圾出來，我不想讓它們進入我的頭。那根本就是毫不必要的麻煩：先蒐集它們，然後再清理它們——這有什麼意義呢？我現在是乾乾淨淨的。」那個老傢伙很生氣。他說：「你需要好好管教這個男孩。他需要控制跟誡律。這對我來說是非常不尊重的。我這輩子從來沒有人這樣對待過我。」我說：「因為你這輩子從來沒有碰過一個有膽量的人；你現在所做的事情不過只是從那些經典中蒐集的垃圾而已。」——他的房子裡充滿了古老的經典——「然後再把那些垃圾丟到別人的頭裡。你應該被告上法庭的。你應該被關進監獄裡的，因為你是這裡最大的罪犯。你摧毀了這麼多人的頭腦，他們一輩子都會因此而受苦，然後他們還會認為那是自己的問題。」

你需要能夠清楚地區辨什麼是屬於你自己的經驗，什麼是別人強加給你的，然後，所有那些強加給你的，外借而來的，都需要被丟棄。這些是唯一需要放棄的東西。

這個世界非常的美。只是你的頭腦需要寧靜、空無和敞開，然後你會清楚如實地看到人們本來的面貌……不只是看見他人，同時也能夠如實地看到自己。這份了解會為你帶來蛻變。然後這個世界會成為一個全然不同的地方——從絕望到舞蹈，從黑暗到光亮，從死亡到永恆的生命。

第四章　心的方式

有一些方法是屬於頭腦的，有一些方法是屬於心的；它們不見得支持彼此。如果當頭腦跟心的意見不同時，那麼錯的是頭腦。它的同意或不同意並不重要——重要的是你的心感到自在、平靜、寧靜、和諧與安在。

我們接受到的訓練都是針對頭腦的，所以我們的頭腦非常地清晰，沒有人照顧過心。事實上，每個人都把心擱置一旁，因為它在市場上沒有用處。它在野心的世界裡沒有用處，它在政治上、在生意上都沒有用處。但是，對我來說，情況恰好是相反的——

頭腦沒有用處，而心……

所有一切都會發生；你的心唯一需要的就是接受它們。所有一切都會到來，但是如果你的心是關閉的……生命的奧祕法則是，你心房的門甚至不需要被敲響。

存在知道如何等待；它可以永恆地等待著。

它全都取決於你。所有一切在任何片刻裡都準備好要發生。就是打開你的門，打開你所有的窗戶，好讓存在可以從各個方向傾注來到你身上。除了存在以外，沒有其他的神，除了你的本性存在之外，也沒有其他的天堂了。當存在傾注進入你的本性存在時，天堂也進入了你的內在——或是，你已經進入了天堂，這些都只是用不同的方式來描述同一件事情。

問題

我內在的這份渴望是什麼？沒有任何關係能夠滿足它，沒有任何淚水可以釋放它，它也不會因為許多美好的夢想或冒險而有所改變。

確實是如此，不只是你，而是任何一個稍有些聰慧的人都是如此。那些愚笨的人從來不會有這種狀況，但是那些聰慧的人遲早都會碰到這種情況——而你越是聰慧，它也發生的越早——沒有任何關係能夠滿足你。

為什麼？因為所有的關係都只是一根朝像最終極關係的箭矢；它是里程碑，但不是終點。每一段愛情都只是一個指標，指向前方一個更大的戀愛事件——目前只是讓你淺嚐滋味，但是這一點滋味無法平息你的口渴或滿足你的飢餓。事實上，相反的，這一點滋味會讓你更口渴，讓你更飢餓。

這就是發生在每一段關係裡的事情。與其帶給你滿足，它帶給你無比的不滿足。這個世界上每一段失敗的關係——而且好的是關係失敗了；如果它沒有失敗的話，那反而是個詛咒。關係的失敗是一種祝福。因為每一段關係都失敗了，你才會開始尋找那與神、與存在及宇宙的終極關係。你一次又一次的看到關係的徒勞無益，沒有任何男人、女人能夠滿足；而每一次經驗都在無比的挫折中結束，它開始的時候充滿了希望，但最後卻留給你莫大的無望。事情一直都是如此：它開始的時候是偉大的浪漫，而結束時是苦澀的。當事情這樣一次又一次地發生時，人們總會因此而學習到——每一次的關係不過只是一場實驗，讓你準備好經驗那最終極的關係、那最終極的愛。

這就是所謂的宗教。

你說：「我內在的這份渴望是什麼？」那是對神性的渴望。你可能知道，你可能不知道。你可能還無法用言語去表達它，清楚地描述它，因為在一開始，它是非常模糊不清的，它的周圍圍繞著許多迷霧。但是那是對真實的渴望，那是一種與整體融合的渴望，以便從此再也無所分離。

你沒有辦法跟一個男人或女人永恆地融合，分離是注定的。那份融合只會是短暫的，在那片刻的融合結束之後，你會被留在莫大的黑暗裡。在那樣的閃光、閃電結束後，那份黑暗會比以往還來得更為黑暗。這就是為什麼有上百萬的人決定不要進入任何愛的關係裡——因為至少他會習慣自己的黑暗，他不知道其他可能性。這是一種滿足：他已經知道生活是什麼，其中沒有更多的可能性了，所以也不會有什麼不滿足。

一旦你曾經品嚐過愛，一旦你曾經經驗過片刻的喜悅，那種兩個人不再是兩個人所帶來的無比悸動……但是你會一次又一次地從高峰墜落；而每一次當你墜落時，黑暗會變得比之前更黑，因為現在你知道光亮曾經存在過。現在你知道那裡有著高峰，現在你知道生命可以帶給你的比你以為的更多，這種世俗式的白天上班，晚上回家用餐睡覺——這種世俗式的生活並不是所有一切，這個世俗式的生活不過只是進入宮殿之前的門廊而已。

但是如果你不曾覺知到那座宮殿，如果你從來不曾被邀請進入，而你總是生活在門廊上，這時候你會認為生命就是如此；這是你的家。但是如果某扇窗戶打開了，你看到宮殿的內部——它所具有的美，它所具有的輝煌與燦爛——或是你曾經被邀請進入過片刻，然後又被扔出來，現在這個門廊都不再能夠滿足你。現在，這個門廊會變成你心口上的沉重負擔。現在，你會感到痛苦，你會感到極度的苦悶。

這是我的觀察，那些沒有創意的人往往要比那些具有創意的人更容易滿足。具有創意的人是極度不滿足的一群人，因為他知道生命有著許多的可能性，但卻尚未發生。為什麼還沒有發生呢？這群創意人士會不斷地追尋，他無法休息，因為他曾經有過一些瞥見。一旦窗戶曾經打開過一會兒，他曾經看過那屬於超越性的向度。他怎麼能夠休息呢？他怎麼可能會覺得這個愚蠢的門廊是舒適而溫馨的呢？他見過那座宮殿。他也見過那個國王，他知道：「那座宮殿是屬於我的；那是我與生俱來的權利。」唯一需要的就是知道如何進入那座宮殿，如何成為裡面的永久居民。是的，他曾經短暫地到過那裡……然後一次又一次地被扔出來。

一個人如果越是敏感，你也越是會發現他的不滿足。聰慧越多的人，也就有著越多的不滿足。事情一直都是如此。

你從西方來到東方；你看到街上有著乞丐，勞工頭上頂著泥土，你覺得驚訝：他們的臉上沒有任何不滿足的感覺。他們沒有什麼東西能夠讓他們感到滿足，但是某種程度來說，他們是滿足的。那些所謂的印度宗教人士認為是宗教讓這些人感到滿足。那些所謂的印度聖人誇耀這一點：「你看！西方人擁有一切，科學和科技已經為西方人帶來所有一切可能的舒適，但仍然沒有人是滿足的。而在我們的國家裡，人們有著如此的宗教精神，以至於他們一無所有，但卻是滿足的。」

印度的聖人不斷地誇耀這一點，但是他們的誇耀是錯誤的。在印度的人們——貧窮的人們、未受教育的人們、飢餓的人們——不是因為他們的宗教精神而感到滿足；他們的滿足是因為他們缺乏敏感度。他們的滿足是因為他們缺乏創意，他們的滿足是因為他們從來沒有過任何瞥見。

西方人變得不滿足是因為所有這些科學所帶來的舒適和便利，讓他們有充裕的時間去探索——去靜心、去祈禱、去演奏音樂、去舞蹈——以至於他們開始有少數的瞥見。他們開始覺知到生命所具有的可能性，要遠比表面上顯現出來的還更多；他們需要更深入的挖掘。

東方則是純粹的貧窮——而貧窮讓人們變得不敏感，記得，一個窮人無法是敏感的，否則他沒有辦法存活下來。如果他非常敏感，這份貧窮會變得難以承受。他必須在身上長出厚厚的皮膚來保護自己；否則他要如何生存下來呢？他必須變得盲目，唯有如此，他才能生活在一個貧窮的國度裡。不然街上有著乞丐，有著生病瀕死的人。如果他敏感的話，他怎麼能夠工作呢？這些乞丐會一直困擾著他。他必須關上自己的門。你可以看到印度街道上所發生的事情。那些西方訪客第一次到來時都非常困惑：有人在街上就快要死了，但沒有任何印度人會去注意那個人；人們就是不斷地從旁經過。這種事情每天都在發生。

如果人們開始注意的話，他們將難以生活下去；他們沒有任何閒暇時間能夠耗費。那是一種奢侈！他們沒有辦法把人送到醫院，他們沒有時間。如果他們開始變得慈悲，他們自己會開始死亡，因為誰要來賺取金錢養活他的家人呢？他們必須變得全然地盲目跟耳聾。他們像是殭屍一樣地持續走動著，什麼都看不見。不論路邊發生了什麼事，都跟他們無關，不是他們的事；每個人都因為自己的業障而受苦。乞丐躺在街上受苦是因為他自己的業障——或許他前世是個殺人兇手。你不需要擔憂他，事實上，你應該高興他在為自己的業障受苦；這樣他才能夠消除業障。下一次誕生時，他會誕生成為一個國王或是類似的身分——美好的合理化讓你保持盲目、不敏感。

貧窮的人很難有什麼美感；他負擔不起。如果他有美感的話，他會覺得自己太窮了，那是難以承受的。他沒辦法有什麼清潔感，沒辦法有美感。他負擔不起這些事情——擁有敏感度對他們來說有什麼意義呢？那只會是一種折磨，持續不斷的折磨。他會沒有辦法在自己醜陋又充滿各種髒污、破敗事物的房子裡睡覺——而那些是他唯一的財產！他看起來非常滿足——他必須如此；他負擔不起不滿足。

記得，這跟宗教精神沒有任何關係。所有貧窮的人都是滿足的，沒有任何例外。你可以去非洲，你會在那裡看到滿足的窮人；他們甚至比印度人還窮困，他們的滿足也更深。你可以去看看印度的原始部落，他們是這個世界上最貧窮的人，但是你會看到他們臉龐上有一種滿足感，好像沒有什麼事情不對，一切都是對的。他們相信所有一切都是對的；他們必須不斷地自我催眠所有一切都是對的；否則他們怎麼能夠睡得著，他們怎麼能夠吃得下飯？

一旦一個國家變得富裕，它就會變得敏感。一旦一個國家變得富裕、富足，它會開始覺知到生命裡有更多的存在，有更多從來沒有時間去注意的不同向度。富裕的國家會開始思考關於音樂、繪畫、詩詞以及最終極的靜心——因為靜心是最後的奢侈。沒有比靜心更為奢侈的事物了。靜心是最後的奢侈，因為它是最終極的戀愛事件。

如果你滿足於你的關係，那很好。印度人非常滿足，因為事實上他們根本沒有關係。那是婚姻，它跟關係沒有任何關連。婚姻是由父母親所決定的，還有星象家和手相學家。婚姻跟兩個即將要結婚的人沒有任何關係；他們甚至不曾被徵求過意見，他們純粹就是被安排在一起，開始一起生活。那不是關係。他們或許會生兒育女，但那不是愛；其中沒有任何浪漫。但是婚姻有一件事情是好的：它非常穩定。當其中沒有關係時，也就不可能有離婚。只有當其中有愛的時候才有離婚這回事。試著了解我的意思。愛意味著莫大的希望，愛意味著：「我來了。」愛意味著：「我找到了我要的女人或男人。」愛意味的是一種「我們彼此相屬」的感覺。愛意味著現在我再也不需要繼續尋找了。

如果你開始的時候懷抱著這麼大的希望，到蜜月結束時，關係也就結束了。這些巨大的希望是人類無法滿足的。你希望那個女人是個女神；她不是。她希望她的男人是個神；他不是。現在，他們還能夠欺騙彼此多久呢？遲早他們會開始看到事實。他們會看到現實，然後虛幻會開始消失。沒有關係能夠讓人滿足，因為每一段關係在開始的時候，其中都有著莫大的希望，而那是不可能實現的。

是的，那份希望是無法實現的，只有當你跟整體戀愛時，它才會獲得滿足。沒有任何的「部分」能夠滿足它。當你愛上整體，當你跟整體的融合發生時，滿足才會出現。沒有「人」在那裡感到滿足，而是只有滿足在那裡。這時候，它是沒有終點的。我完全支持愛，因為愛會失敗。你或許覺得驚訝——我有我自己的邏輯。我完全支持愛，因為愛會失敗。我不支持婚姻，因為婚姻會成功；它讓你永遠安頓下來。而那是危險的：你開始滿足於一個玩具，你開始滿足於某個塑膠製品、人為的產品。

這就是為什麼在東方，特別是在印度……它是一個非常古老的國家，而古老的國家會變得狡猾，就像是老年人變得狡猾一樣。出於狡猾，印度決定童婚，因為一旦人們邁入青春期，希望就會開始升起——渴望、浪漫與詩意；這時候困難就出現了。印度人所發現的最佳方式就是童婚，孩童婚姻。在孩子還不知道婚姻是什麼，還不知道關係是什麼，不知道愛是什麼——他們甚至不曾為它感到飢渴過——在他們身上，性尚未發育成熟。讓他們就此結婚。

就是想一想一個三歲的女孩跟一個五歲的男孩結婚。現在他們會像兄弟姊妹一樣地一起成長。你會有任何跟姊妹離婚的欲望嗎？我不覺得會有人想跟自己的姊妹離婚，那一點也不需要。你把這視為理所當然。每個人都認為自己的母親是美好的；自己的姊妹是美好的，自己的兄弟是美好的。你把這些事情視為理所當然。只有一種關係是你可以出於個人自由而選擇的：你的配偶，你的女人，你的男人。再一次，我們甚至摧毀了這項自由。你的先生和妻子早就被決定了，就像是你的兄弟姊妹一樣。當你們一起成長多年時，一種特定的友誼，一種特定的連結會出現。你變得習慣彼此。

這不是關係，這不是愛。但是印度人為了穩定而決定的——而一個古老的國家非常清楚愛永遠不會是穩定的。選擇愛，你就選擇了麻煩。

在西方，愛變得越來越重要，而透過愛，各式各樣的麻煩開始出現。家庭變得破裂，事實上是消失了。人們多次更換自己的妻子、先生，所有一切看起來都變得一團混亂。

但是我完全支持愛，而我反對婚姻，特別是那種安排式的婚姻，因為這種安排式的婚姻讓你滿足。而愛——愛永遠無法讓你滿足。它會讓你變得越來越飢渴，嚮往越來越好的愛，它讓你渴望的越來越多，讓你感受到極度的不滿足。而這份不滿足就是你追尋真實的起點。當愛失敗過許多次之後，你會開始尋找一種新型式的愛，一種新型式的愛人，一種全新品質的愛。這種戀愛事件是靜心的、帶著祈禱精神的、門徒式的。

好的是一般的戀愛事件永遠無法滿足你的渴望。這種渴望會變得越來越強；沒有任何關係能夠滿足你。它們只會讓你越來越挫折，沒有任何淚水能夠釋放它，沒有辦法。它們或許有著暫時性的效果，但是你會再一次感到苦悶和痛苦。美好的夢想跟冒險也沒有辦法改變任何事情，沒有什麼事情會因此而改變。但是，我還是會說，去經歷它們。事情不會因此而有所改變，但是透過你的經歷，透過所有這些美好的夢想跟冒險，改變的會是你。這個世界上的事情是不會改變的。

就是想一想，這個問題開始從你的內在升起。這就是改變。有多少人會提出這種類型的問題呢？這種問題不是普通的問題；這不是出於好奇所問的問題。我可以感受到其中的痛苦和苦悶；我可以感受到你的眼淚，我可以看到你在其中的挫折，我可以看到所有你經歷過的痛苦與悲慘。那幾乎是顯而易見的。這個世界上的事情不會因此而改變。但是，一次又一次地墜落，你的內在會開始有所變化——而那是一種演化。甚至連提出這種問題都幾乎是一種革命。這時候，你需要的是一種新的冒險。老舊的冒險已經失敗了，一種新的冒險是必要的——我的意思並不是要你去尋找新的男人或女人——我的意思是你要在一種新的向度上進行尋找。這個向度就是神性的向度。

我要對你說，我是心滿意足的——不是因為這個世界上的任何關係，不是因為這個世界上的任何戀愛事件，而是與這整個存在的戀愛事件是如此的令人滿足。

而當一個人感到滿足時，他會開始綻放。他沒有辦法收納他自己的滿足。他是幸福的，如此地幸福，以至於他開始祝福他人。他是如此地幸福，以至於他開始成為對這個世界的一項祝福。

問題　你經常談到驚奇與愛。敬畏感（awe）、孩子般的天真跟愛有任何關連嗎？

驚奇和敬畏是最偉大的靈性品質。驚奇意味著你處在一種不知道的狀態裡。飽學之士永遠不會感到驚奇；他已經沒有辦法感受到驚奇，因為他認為自己已經知道了。他知道所有愚蠢的答案，他或許知道整本大英百科全書；因此在他的頭腦裡，所有問題已經都有了答案。

當一個問題沒有答案的時候，它不僅是今天無法回答，過去也沒有解答；它不只是未知，還是不可知的……當一個人碰到不可知、無可回答的狀況時，他經驗到驚奇。他感到敬畏，就好像心停止跳動，就好像你暫時停止了呼吸一樣。

這種驚奇的經驗是如此地不得了，以至於所有一切都停止了。整個世界都停止了；時間停止了，頭腦停止了，自我停止了。在那個片刻裡，你再一次是個孩子，驚奇著蝴蝶、花朵、樹木還有海邊的石頭和貝殼——每件事都讓你感到驚奇，你再度是個孩子。

而當你能夠感到驚奇，能夠感受到存在這種無比的美，美到你感受到一種敬畏時，你突然間被存在所占滿、淹沒，在這樣一個片刻裡，你會舞蹈，你會慶祝，你會說：「啊哈！」你不知道自己還能說些什麼，沒有言語，就只是一個驚嘆號！

飽學的人生活在問號裡，而一個敬畏與驚奇的人生活在驚嘆號裡。每件事情都是如此的深奧、奇妙，要去了解它們根本是不可能的事情。知識是不可能的。當你有過這樣的經驗時，你的整個能量會變化，一個大步的躍進，從頭腦來到心，從知道來到感受。當「知」變得不可能時，你的能量不再朝著那個方向流動。

當你明瞭到「知」是不可能的，奧祕會一直都是奧祕，沒有辦法被解祕，你的能量開始朝著一個新的方向流動：心的方向。這就是為什麼我說愛跟驚奇以及敬畏、孩子般的天真有關。當你不再被知識所占據，你變得有愛意。飽學之士沒有愛的感覺，待在頭腦裡的人沒有愛的感覺；甚至當他們愛的時候，他們也只是認為自己在愛。他們的愛來自他們的頭。而透過頭，愛失去了它所有的美，它變得醜陋。待在頭的人是狡猾的；他們的方式就是計算。

愛是不加計算地跳躍進入一個生動而危險的存在裡。頭會說：「在你跳躍之前要多加思考。」而心則會說：「在你思考前就跳。」它們的方式是截然不同的。

飽富學識的人變得越來越無法去愛。他可能會談論關於愛的事情，他可能會寫著關於愛的事情，他可能因為愛的論文而取得博士、文學博士的證書，但是他對於愛一無所知。他沒有經驗過它。愛只是他所研究的一個主題，他不曾生活在其中。你問我：「奧修，你經常談到驚奇與愛……」是的，我經常同時談到驚奇和愛，因為他們是一個銅板的兩面。而你會需要從驚奇開始學習，因為這個社會已經讓你成為飽學之士。學校、學院、大學——社會已經創造了一個巨大的機制，讓你成為一個飽學之士。而你越是充滿了知識，你能夠流動的愛的能量就變得越少。知識在愛的道路上創造出許多障礙，許多岩石，而這個世界上沒有任何一個機構協助你變得有愛意，讓你的愛能夠獲得滋養。

這是我對於大學的真正看法，這也是我在這裡所創造的。當然它不會得到政府的承認，它不會得到其他大學的承認。我可以了解這一點——如果它們承認的話，我反而會覺得驚訝。它們的不承認其實就是一種承認——承認它是一種完全不同的機構，在這裡人們不會成為飽學之士，而是變得更富有愛意。

人類好幾個世紀以來一直生活在知識裡，以一種醜陋的方式生活著。大衛·赫伯特·勞倫斯曾經指出：如果過去一百年來所有的大學、學院和學校都關閉的話，人類會因此而有著無比的收穫。

我完全同意他的看法。這兩個人，尼采跟勞倫斯，是很美的人。不幸的是他們誕生在西方；因此他們從來不知道老子、莊子、佛陀、菩提達摩、臨濟、芭蕉、卡比爾和蜜拉等人。不幸的是他們只知道猶太教跟基督教的傳統。而他們極度反對猶太教和基督教對待生命的方式。那太過表淺。

尼采經常在簽名時是這樣簽名的：「反基督，弗里德里希．尼采」。他總是會先寫上「反基督」。他並不是真的反基督——當然，他反對的是基督教，因為在他最清醒的時候，他說過：第一個也是最後一個基督教徒已經被送上十字架了——那第一個也是最後一個人就是耶穌基督。但是以他為名，一些絕對虛假的東西開始存在，而從猶太人否認基督的那一天起，他們就變得虛假。自從那醜陋的一天起，他們生活在不實當中。如果你拒絕你自己的花朵，你怎麼能夠美好地生活呢？從摩西所開始的一個美好現象，在耶穌基督時來到最高峰，然而猶太人卻拒絕耶穌基督。就在那一天，他們拒絕了自己的花朵、自己的芬芳。從那一天開始，他們無法坦然地生活。

那些追隨耶穌的人創造了某些絕對違反耶穌的事物。如果他回來的話，看到所有這些以基督為名義的東西，他會覺得噁心、想吐。有人問我說：「耶穌承諾說會再度回來——他會回來嗎？」

我對他說：「如果他這一次回來，你不需要把他送上十字架——他會自己自殺！光只是看到基督教就夠了——那就足以讓他自殺了。因此我的感覺是他不會再來了。一次就夠了，兩次就太多了。」

但是這兩個人，尼采和勞倫斯在西方受到莫大的誤解。他們自己也提供了讓人們誤解的理由；但是他們沒有其他辦法，他們在黑暗中摸索著。當然他們的方向是對的；如果他們在東方的話，他們會成佛。他們擁有這樣的潛能——偉大的潛能，偉大的洞見。我在許多觀點上都同意他們的看法。

勞倫斯非常反對你所謂的教育——它不是教育，它是誤人子弟。真正的教育只能奠基於愛，而不是知識。真正的教育無法是功利主義的，真正的教育無法符合市場。並不是真正的教育無法提供你知識；首先，真正的教育會為你的心、你的愛作準備，然後不論你在生活裡需要什麼樣的知識，它都會提供，但是那是次要的。而且真正的教育永遠都不會是強制性的；沒有什麼比愛更寶貴。

不論何時，如果愛和知識之間有所衝突的話，真正的教育會協助你準備好放掉你的知識，跟隨你的愛而行動；它會賦予你勇氣，它會帶你去冒險。它會給予你空間去生活，接受風險與不安；如果愛要求的話，它會協助你準備好犧牲自己。它不只是把愛置於知識之上，甚至還在生命之上，因為沒有愛的生命是沒有意義的。愛沒有生命仍然是有意義的；甚至即使你的身體死亡了，那對於你愛的能量沒有任何影響。它會繼續，它是永恆的，它不是一種時間的現象。

要能夠擁有一個帶著愛意的心，你需要一個不那麼強調計算的頭。要能夠愛，你需要能夠感受到驚奇。這就是為什麼我總是說敬畏以及孩子般的天真與被稱為愛的這股能量有著深切的關連。事實上，它們只是同一個事物的不同名稱罷了。

問題　無為以及心的方式，它們有著什麼關連嗎？

它們不是彼此有關連，它們是同一件事情：只是兩種不同方式來描述同一件事情。

無為意味著沒有作為的行為。它意味著沒有作為的行動。它意味著允許那些想要發生的事情發生。不去做它，而是讓它發生。而這就是心的方式。

心的方式意味著愛的方式。你可以「做」出愛嗎？那是不可能的。但是我們不斷地用這樣的方式來表達，就像是「做愛」，那是愚蠢的。你怎麼能夠做愛呢？當愛在那裡，你就不在那裡。當愛在那裡，這個操控者、作為者，就不在了。愛不允許任何來自你這一方的行動。它就是發生。它突然間就是憑空地發生了。它是一項禮物。就像生命是一項禮物，愛也是一項禮物。

心的方式或是愛的方式或是無為的方式。它們都是一樣的。它們都強調那個「作為者」需要被放掉、遺忘，而你需要不是以一個操控者的方式去生活。你需要讓你的生活就像是一條未知的河流。不是朝著上流移動，也不要試著加快河流。就是順著河流移動。

河流它已經在朝著海洋流動。就是與河流融為一體，它會帶著你到達海洋。你甚至不需要游泳。放輕鬆，讓河流帶著你。放輕鬆，讓存在占據你。放輕鬆，讓這整個整體把這個「部分」容納進來。

作為意味著這個「部分」試圖要做些什麼來反對整體，這個「部分」試圖擁有自己的意志來對抗整體。

無為意味著這個「部分」已經了解到自己只是整體的一「部分」，進而放掉了所有的掙扎。現在，這個整體在行動著，而這個部分是開心的。這個整體在舞蹈著，而這個部分也隨之舞蹈。就是和這整個整體待在同一個頻率上，和這整個整體待在同樣的步調上，和這個整體待在一種深度、高潮性的關係裡，這就是無為的意思。這就是愛的意思。

這就是為什麼耶穌說「神就是愛」。他在創造出一個對應，因為在人類的經驗裡，除了愛以外，沒有其他任何事情更接近神性了。

聽著：你誕生下來，但是那時候你並不曾覺知到這一點。那是一個發生。但是它已經發生了；現在沒有什麼你可以做的。終有一天，你會死亡，但是那發生在未來。你活在這個片刻裡。你的誕生已經發生了，死亡尚未發生。在這兩者之間，只剩下一種可能性——愛。

有三件事情是最基本的：誕生、愛和死亡。它們全都是一種發生。但是你的誕生已經發生了——現在你沒有辦法覺知它了。而死亡尚未發生——你現在要如何覺知到它呢？所以在這兩者之間唯一可能的就是愛，它就發生在此時此地。覺知到愛，並且看著它的發生。

沒有什麼是你這個部分要做的。你不做任何事情。然後有一天，你會突然間感受到一種熱切；然後有一天，你會突然感受到一股能量升起。身處於未知裡，愛的神已經敲了你的門。突然間你不再一樣了：遲頓消失了，無趣消失了，陳舊消失了。突然間你歌唱著，湧現著喜悅，突然間你再也不一樣了。在這個高峰裡，谷底被遺忘了。陽光照耀著高峰——你曾經為它做任何事情嗎？

人們不斷地教導愛。但是你怎麼能夠愛呢？因為這些教導，愛變得不可能。母親不斷地對孩子說：「愛我，我是你的母親。」孩子要如何去愛呢？事實上，他該做些什麼呢？這個孩子沒有辦法知道：該做些什麼，該如何做。但是母親不斷地堅持。父親也不斷地堅持：「當我回家時，你必須愛我！」漸漸地，這個孩子成為一個政客，他開始一種政客式的愛——而那根本就不是愛。他開始玩把戲。他開始欺騙。每當母親靠近時，他開始微笑，然後媽媽覺得「他愛我」。

他必須做這些事情，因為他依賴他們，他的生存仰賴他們。他是無助的，他變成了一個外交官。他並不曾感受到任何愛意，但是他必須假裝。漸漸地，這種偽裝變得如此地根深柢固，以至於他終其一生都不斷地假裝。然後，他愛一個女人，因為她是他的妻子；然後她愛一個男人，因為他是她先生。他／她必須去愛。愛變成一種義務。你能夠想像還有什麼比這更荒謬的事情嗎？愛變成了一種義務，你必須去做它。它變成了一種誡律，你必須去履行它。它變成了一種責任。

在這裡，真正的愛永遠無法發生在這種人身上，無法發生在這樣一個受過制約的頭腦上，因為愛永遠都是一種發生。你一直無所覺知，然後突然間從某處，它來到你身上。那把箭矢出現，射中你的心；你覺得疼痛，一種甜蜜的疼痛，但是你不知道它是從哪裡來的，它是怎麼發生的。愛始終保持在存在的掌握裡。它是一種發生。

前幾天，我看到這樣一則故事……

威廉一世，在十八世紀初期統治普魯士，他是一個肥胖的怪人，他非常不講究禮儀。他經常不帶任何隨從地在柏林路上行走，每當有人讓他不高興——而他很容易就會不高興——他會毫不猶豫地拿起他粗壯的手杖來揍人。一個國王，卻有著這樣的行為！

那就是為什麼每當柏林人從一段距離外看到他的時候，他們會安靜地離開那個區域，然後道路上會變得空無一人。不論何時，每當他們看到他的接近，他們會馬上消失不見。有一次，當威廉一世在街上走動時，一個柏林市民看到他，但是已經太晚了，他試著安靜地消失在一扇門後，但是他失敗了。威廉一世對著他說：「你！你要去哪裡？」

那個市民極度顫抖地說：「陛下，我正要走進這間屋子。」

「那是你的屋子？」

「陛下，不是。」

「朋友的屋子？」

「陛下，不是。」

「那為什麼你要進去那間屋子？」

那個可憐的市民害怕自己被控訴偷竊，他不知道該怎麼辦，最後他終於決定說出事實：「陛下，為了避開您。」

威廉一世不太高興地說：「避開我？為什麼？」

「陛下，因為，我害怕您。」

威廉一世的臉色快速地脹紅，舉起他的手杖，用力打在對方的肩膀上，大吼著：

「你不應該怕我！你應該要愛我！愛我，你這個混蛋！愛我！」

他要如何「應該」去愛呢？愛沒有辦法是一種義務。沒有人應該要去愛。沒有人能夠被命令去愛。沒有人能夠被告知去愛。如果它發生，它就是發生。如果它沒有發生，它就是沒有發生。就是這種你可以對愛做些什麼的概念，製造出這些情況，讓愛無法發生在許多人身上。愛很少發生在某人身上，它是非常罕見的。它就跟神性一樣的罕見，因為神性就是愛，愛就是神性。

如果你能夠向愛敞開，你也能夠向神性敞開。它們是同樣的。愛是起點，神性是終點。愛是通往神性廟宇的門檻。

愛的道路或是心的道路純粹意味著：沒有什麼是你能夠掌握的。不要浪費你的時間。整體會照顧它自己。請放輕鬆；允許整體來接收你。

問題　我知道神就是愛，但是為什麼我這麼害怕祂？

你不知道神就是愛。你曾經聽過我一次又一次地說神就是愛；所以你開始重複這句話。這跟鸚鵡一樣。我知道神就是愛，所以我不可能會害怕神。你怎麼可能會害怕愛呢？

恐懼和愛不可能同時存在；因此它們的並存是不可能的事。事實上，成為恐懼的能量與成為愛的能量是相同的一股能量。如果它成為恐懼，它不再會有多餘的能量成為愛；如果它變成愛，那麼恐懼會消失。它們是同一股能量。這股能量混亂的時候就被稱為恐懼，而當它井然有序，當它有著深度的和諧時，它就被稱為愛。

你仍然不知道神是愛。你說：「我知道神就是愛……」你聽說過，但你不知道。對你而言，那只是一個資訊；你並不親身知道它，它還不是你自己的真實經驗。總是記著一點：除非一件事成為你自己的真實經驗，否則它不會為你帶來蛻變；也因此你會有這個問題。

你說：「我知道神就是愛，但是為什麼我這麼害怕祂？」你是一定會害怕祂的，因為你不知道神就是愛。傳教士好幾世紀以來一直對你說，神一直不斷在注視著你，神要你這樣，不要你那樣，神有十誡，你必須遵守。如果你不遵守它們，神為你準備了一個巨大的地獄。一個父親會為自己的孩子準備地獄之火嗎？那是不可能的，甚至連想像都不可能。傳教士已經讓神變得如此醜陋，為的就是他能夠操控人們，因為只有透過恐懼，人們才可能被操控。

記得一點：所有的傳教士都有個生意上的祕訣——不論是印度教、基督教、回教、耆那教還是佛教，他們有著不同的哲學，但是他們生意上的祕訣是同樣的——那個生意上的祕訣就是，總是讓人們保持害怕、顫抖。當人們害怕時，他們準備好屈服。當人們害怕時，他們準備好成為奴隸。當人們害怕時，他們無法鼓起勇氣去叛逆。恐懼讓他們變得虛弱無力；恐懼是一種心理上的閹割。好幾個世紀以來，他們一直這樣進行著：恐懼一直是傳教士手裡最大的武器，而且他們已經用的非常順手。

金伯格的兒子，傑克，拒絕認真上學。他從不寫家庭作業，還不斷地逃學。校長建議他們將他送去寄宿學校。金伯格聽從他的建議，但在幾個禮拜後，他被學校退學。

金伯格知道天主教的教會學校非常嚴厲，所以他們決定把傑克送去教會學校。他們替他在一間名叫「基督是主」的男校註冊了，並且警告傑克要守規矩，按時做功課，因為這會是他最後一個機會。如果他再被退學，他們會把他送到少年犯的學校。

在經過一個星期的教會學校之後，傑克帶著很棒的成績回家。非常奇蹟地，他已經轉變成一個規矩、認真的學生。

金伯格問他：「為什麼你突然間會有這麼大的轉變？」

傑克回答說：「在每間教室裡，我都可以看到有個男人被吊在十字架上，我想自己最好不要再做什麼聰明人了。」

讓人們感到害怕，讓人們一直保持顫抖，要他們知道神是獨裁的、非常易怒的，如果你不聽話，他絕對不會原諒你。在傳教士的眼裡，不順從是最大的罪惡；亞當和夏娃就是因此而被驅逐的。他們沒有犯下什麼大不了的罪行。他們到底做了什麼呢？他們所做的根本不值一提，但是好幾世紀以來，傳教士卻不斷地提起他們。而且神還是那麼地憤怒，以至於不只是亞當和夏娃被丟出伊甸園、天堂，而是整個人類也跟著一起！

你現在的痛苦是因為亞當和夏娃違背了神。你沒有做過任何錯事；你是在為他們的罪而受苦，只因為你是他們的後代。這是多麼大的罪啊，不只是當事人被懲罰，連他們上千年來的子孫都必須受到懲罰。

他們到底犯了什麼罪呢？為什麼會引起這麼大的風波呢？他們所做的其實是很天真的一件事，其實是很自然的一件事，我沒有辦法想像亞當和夏娃要如何避免這件事。如果有任何人需要為這件事負起責任的話，那是神自己的責任。在伊甸園裡有上百萬棵樹木，而其中只有一棵樹的果實，是神禁止亞當和夏娃去吃的——只有一棵樹是被禁止的。然後，它被禁止的原因聽起來也很醜陋。那個原因是：如果你吃了知識之樹的果實，你會變得像神一樣，而神是非常嫉妒的。看看這裡這棵樹被禁止的原因，原因在於：如果你吃了這棵知識之樹的果實，你會變得不朽，就像神一樣。你所知道的會和神一樣多——而那是神無法容忍的。所以神特別把那棵樹保留給祂自己——祂必然也吃了那棵知識之樹的果實，所以祂才會禁止亞當和夏娃。

現在，每個父親都做著一模一樣的事情。他抽菸，但是他卻嚴禁孩子：「不要抽菸，這是不好的。這對你不好！」但是當父親抽菸時，他看起來是那麼地神氣，孩子們因此而變得著迷。他們也想像自己的父親一樣，而且當他抽著雪茄時，他看起來多麼有男子氣概啊，他看起來是如此地驕傲！他從來不曾如此驕傲過，只有當他抽著雪茄，坐在椅子上休息，看著報紙時才會如此。孩子們受到強烈地吸引。所以當父親不在時，他們也會坐在同一張椅子上，打開同樣的報紙——即使他們還無法閱讀——然後開始抽起雪茄。這帶給他們莫大的喜悅，因為這為他們帶來一種巨大的自我。

事實上，禁止就是一種邀請。如果你對孩子說：「不要做這件事！」，你就是在自找麻煩。

我過去曾經和一家人住在一起。他們碰到一個麻煩，那一家人裡，父親是一個癮君子，一個老菸槍，也是大學裡有名的教授。但是他非常擔憂，他問我說該怎麼辦。他只有一個兒子，而他擔心這個兒子遲早也會開始抽菸。我說：「只要做一件事情……最好的方法就是給他香菸，你自己給他，並且告訴他，他想抽多少菸都可以。」

他說：「你在說什麼？你是瘋了還是在開玩笑？」

我說：「那麼你把這件事交給我。我會辦到的。」

我拿了一支菸給他兒子。他說：「但是你並不抽菸啊。」

我說：「那是另外一回事——不用擔心我。但是你要學習！這是生命裡最美的事情之一！」

他又問一遍：「那為什麼你自己不抽菸？」

我說：「這件事你可以不要算上我——我不是一個非常聰明的人。看看你父親就知道了！如果我蠢笨，你要像我一樣笨嗎？」

要說服他很困難，因為他會一次又一次地問我：「你叫我抽菸，但是為什麼你自己不抽？」

我說：「就是試試看，然後你就會知道了！」

所以他試了，然後他知道了，他把香菸丟了。他對我說：「現在我知道為什麼你不抽菸。那為什麼你這麼堅持呢？為什麼你這麼努力說服我？那個菸味讓我覺得噁心想吐！」他被香菸嗆到流淚——這樣就夠了，事情結束了。然後我告訴他的父親：「永遠不要對孩子說：『不要抽菸！』」

記得亞當和夏娃這個古老的故事。如果我是神的話，我會把亞當和夏娃帶到知識之樹的前方，然後強迫他們吃到他們開始嘔吐，然後故事會結束在那裡。但是神告訴他們不要吃那棵樹的果實。那就是一個邀請；根本就不需要那隻蛇。

蛇是傳教士所創造出來的，好讓神可以逃避責任；責任被丟在那隻可憐的蛇身上。那隻可憐的蛇根本什麼都沒做；那隻蛇是絕對無辜的。你曾經看過任何一隻蛇說服任何女人去做任何事情嗎？而且那隻蛇怎麼會有這種興趣呢？如果牠想要吃的話，沒有人禁止牠。為什麼牠要引誘夏娃去吃知識之樹的果實呢？如果夏娃和亞當變得博學多聞，牠有什麼好處嗎？不，那隻蛇是被創造出來的，所以責任可以被推到牠身上。但是如果你深入這個故事，你會發現事情很簡單：那是神的責任。首先你在人們身上強加了一個規則，光只是你的強迫，就在他們內在製造出抗拒，製造出叛逆的的巨大衝動。然後，反抗是有罪的——最大的罪行就是反抗。然後你創造了地獄和各式各樣的懲罰，你讓人們保持害怕。

這個故事是由傳教士創造出來讓人們感到害怕的。傳教士從不希望人們是聰明的，因為聰明的人是危險的——他們對於現狀、對於既成機構、對於傳教士的既得利益是危險的。傳教士想要人們維持全然的無知和愚笨。好幾世紀以來，他們甚至不允許人們研讀經典，甚至到現在還是如此。在很多宗教裡，女人仍然被不被允許閱讀經典。一直到現在，這種很深的陰謀仍然還在持續著。這個陰謀就是，所有的經典都是用一種已經死去的語言來書寫，沒有人了解這些語言，只有傳教士了解。好幾世紀以來，傳教士因此保持了他們的權力，因為他們是唯一了解那些語言的人。那些經典通常都是由古老的梵文、猶太文、阿拉伯語、希臘文、拉丁文所書寫——都是人們不再使用的古語。甚至有些語言從來沒有人在口語上使用過。比如說，梵文就是一種從來沒有人在口語上使用過的語言。它一直都是學者所使用的語言，不是一般大眾的語言；那是學究專用的語言，而不是大眾的語言。

在印度有兩種語言：一種被稱做普拉克里特（Prakrit），普拉克里特的意思是「自然的」，那是一般人所使用的語言。而梵語在語言學上的涵意是「精鍊的」、「貴族的」，這是學院裡的學者和傳統人士才會使用的語言。所有偉大的經典都是由梵文所書寫。

當時，馬哈維亞和佛陀是首次使用一般通俗語言來演講的師父——也因此，印度的婆羅門因為這個罪行而不原諒他們。以一般的通俗語言來演講，意味著傳教士無法再擁有權力。如果人們開始擁有知識，如果他們知道經典裡寫了些什麼，那麼他們不會再輕易地被愚弄。事實上，只有當你不了解《吠陀經》的時候，你才會崇拜它。如果你了解它，其中百分之九十九都是垃圾。其中有百分之一是純金，那是確定的，但是百分之九十九都是純粹的垃圾。但是如果你不了解這些經典，那它全都是黃金。在黑暗裡，他們可以拿任何東西給你，然後告訴你：「這是黃金——崇拜它！」好幾世紀以來，《吠陀經》一直都受到人們的崇拜。

傳教士要你崇拜那些經典，而非了解那些經典——因為如果你了解它們的話，遲早有一天，你會清楚地發現：那些經典不是真正的源頭。遲早，你會明瞭到這個事實：「當克里希納說話時，他的話語來自於一種靜心的狀態，當基督說話時，他的話語來自於一種靜心的狀態。他們說了些什麼還是其次——他們是從什麼樣的狀態中說出這些話語的，那才是最重要的。除非我到達那樣的意識狀態，我沒有辦法了解這些話語，因為這些文字本身是空的；其中的意義只能透過經驗來傳遞。」經典受到限制；那其實是一種罪……過去，只有婆羅門、傳教士以及最高階級的人種才能夠閱讀經典。

在世界各地，這樣的陰謀都持續不斷著。到現在，人們進行祈禱時所使用的仍然是這些已死的語言；你不知道自己在說什麼。當你不知道自己在唸的是什麼，你又怎麼可能有任何感受呢？這些話語怎麼可能是來自你的感覺、來自你的心呢？你的祈禱變得像是一種錄音帶——一種不斷的重複。然後，你希望藉由這種重複、僵化的儀式，帶領你到達某處。你只是在浪費生命而已。

然後，巨大的恐懼會升起：「我不知道自己從何而來，我是誰，我會去到何方。四處一片黑暗，黑暗，無盡的黑暗，生命裡沒有一絲的光亮。」這時候，你會去找傳教士，拜倒在他們面前。你需要引導。這就是他們生意上的祕訣：讓人們感到害怕。而只有當你讓人們保持無知的時候，你才能夠讓他們感到害怕，讓他們顫抖，這時候，他們隨時都準備好觸摸你的腳，準備好順從你，因為你代表神，反抗你是危險的，非常地危險。他們會被丟進地獄裡，永恆地。

格林堡衣衫襤褸地拿著兩個紙袋子，被一個巡警攔下來。

警察問他說：「你的袋子有些什麼？」

「我這裡有兩萬五千美元，我正要帶去以色列進行捐贈。」

警察嘲笑地說：「拜託，你看起來甚至付不起一頓飯的錢；你怎麼可能捐給以色列兩萬五千美元？」

「嗯，你知道的，我在一間男士廁所裡工作，而當那些男人進來時，我對他們說：『捐助以色列，否則，我會切掉你們的鳥蛋。』」

「好吧，所以你一個袋子裡放著兩萬五千美元，那另外一個袋子裡是什麼？」

「那些不想捐錢的人。」

那就是傳教士一直在做的事情：催毀你的膽量，催毀你的勇氣，催毀你的自尊，催毀你對自己的信任。

你說：「我知道神就是愛，但是為什麼我這麼害怕祂？」你身邊環繞著傳教士填塞在你頭腦裡的胡扯；你充滿了這種垃圾。要擺脫它們需要時間。需要很長一段時間，因為它們已經持續好幾個世紀了。它有著一段長遠、醜陋的歷史，以至於很少有人能夠逃離它的影響。

我在這裡的整個努力就是協助你逃離它。我反對傳教士的所有一切。我要你們直接地面對神，不需要任何傳教士，不需要任何僧侶。神是屬於你的，你是屬於神的；不需要任何媒介。一個師父的作用不是要成為你和神之間的媒介。恰巧相反地，一個師父的作用是要拿掉一切阻擋在你和神之間的事物。他自己則會在最後一刻抽離；他不會阻擋在你和神之間。他只會在那裡停留一段時間，直到所有其他一切都被移除時，他也會抽離自己；那是一個師父所做的最後一件事。而當師父抽離自己的那一刻，當他不再站在你和神之間時，那一刻你會知道這整個存在就是愛。

這整個宇宙是由那個被稱為愛的物質所構成的。

耶穌說：「神就是愛」。我要對你說：「愛就是神」。當耶穌說「神就是愛」的時候，神也同時可以是其他許多不同事物；愛只是其中的一個品質。當我說：「愛就是神」的時候，我在說愛是唯一的品質。在神的內在，除了愛以外，再也沒有其他品質了；事實上，神是愛的另一個名稱。你可以放掉「神」這個名稱，而不會有任何損失。讓愛成為你的神。

但是你必須擺脫傳教士。你必須擺脫你所屬的宗教、教會、寺廟、儀式和經典。有許多垃圾是你必須擺脫的。這是一個浩大的工程，因為他們一直告訴你這些東西是有價值的——這些垃圾被當做黃金強加在你身上，你聽過這些話語許許多多次，你已經被制約了。受到制約的人只會看到某些特定的事物。當你受到制約時，你會透過那些制約來看待事物，然後事情看起來就是如此。

兩個男人坐在一棵樹下，一個是印度教徒，另外一個是回教徒。鳥兒在歌唱著，那是一個美好的春天早晨。他們兩個人傾聽了一會，那個印度教徒說：「你聽到了嗎？

所有的鳥兒都在發出嗡（OM）的聲音。我可以聽得到。我練習嗡的聲音有三十年了，我現在能夠輕易地解開這個奧祕。所有的鳥兒都在發出同樣的聲音：那個無聲之聲，那印度教裡最古老的聲音，嗡。」

那個回教徒笑著說：「胡扯！我也一直在練習我們的祈禱。這些鳥兒發出的不是嗡的聲音，他們在說的是阿敏（AMIN）。」

回教徒祈禱，基督教徒也祈禱，他們的祈禱以「AMIN」這個發音作為結束；基督教把它稱為「阿門」，回教徒則是稱呼「阿敏」。印度教的祈禱則以「嗡」作為結束。其中確實有些真實的部分，這三個宗教都表達了其中的一部分。當頭腦變得絕對寧靜時，你會聽到一種特定的聲音。如果你是印度教徒，你會把它解釋成「嗡」，如果你是回教徒則是「阿敏」，如果你是基督教徒則是「阿門」，但沒有人能夠確切說明那是什麼。事實上，它可以有這麼多不同的詮釋；意味著那些詮釋都是你強行加諸上去的。

如果你問一個真正的神祕家，一個既不是印度教徒也不是回教徒或基督教徒的人，他會說：「靜靜地坐在我身旁，就是傾聽。完全不需要詮釋，因為不論我們如何詮釋它，那都是我們強加上去的，那是我們加諸在那個聲音上的概念。就是傾聽著，靜靜地坐著——我在傾聽著，你也傾聽著。我知道它，你也知道它。不需要對它做出任何說明。」

據說曾經有過這樣一件事發生過……

一個偉大的神祕家，佛瑞德遇見了卡比爾—另外一個偉大的神祕家。他們靜靜地坐在一起兩天。沒錯，有的時候他們會笑，毫無原因地咯咯發笑，有時候他們會擁抱並親吻彼此，但他們不曾說出任何一個字眼。他們附近聚集了將近有上千人——都是他們兩個人的門徒——那些人帶著很大的期待，期待他們之間的溝通，沒有人想錯過這樣一個大好機會。卡比爾如果對佛瑞德說了話，那必然會是某種非常稀罕的話語，或是如果佛瑞德對卡比爾說了話，那也必定是某種一世紀才發生一次的東西。

但是兩天過後，他們的門徒全都變得厭煩而無聊。而他們愈是覺得無聊，那兩位神祕家就越是咯咯發笑、擁抱和親吻。當分離的時刻到來時；佛瑞德必須離開。卡比爾到城外為他送行，只為了道別。他們又再次擁抱，又再次咯咯發笑，然後分離。

佛瑞德的門徒跟著佛瑞德，而卡比爾的門徒跟著卡比爾回去。當他們各自和自己的門徒在一起時，佛瑞德的門徒問他：「哪裡出錯了嗎？你過去一直在對我們說話——這次怎麼了？為什麼你變得如此沉默？整整兩天的時間，你不曾說話，還有這些笑聲又是怎麼回事？」

佛瑞德說：「不需要說任何話語，因為我聽到他也同樣聽到的聲音，我看到他也同樣看到的事物，所以有必要對他說任何話嗎？那會是絕對愚蠢的。當我可以看到他也聽到同樣的聲音，看到同樣的事物時——我們相逢在同樣的真實裡——有必要說任何話語嗎？」

然後他們問說：「那麼，你們為什麼咯咯發笑呢？」

他說：「我們咯咯發笑是因為你們，你們看起來是那麼的無聊！我們在笑的是你們。你們來這裡是為了聽我們說話——你們真是愚蠢，你們錯過了一個機會。兩個師父在那裡，全然地寧靜；兩個寧靜的能量之池，兩道同時對神敞開的門，你們卻錯過了。你們想要的是某些話語、某些噪音。你們原本可以寧靜地坐著，你們原本可以成為我們寧靜裡的一部分。你們原本可以跟我們一起落入那份連結裡。但是你們沒有——你們覺得無聊，你們覺得厭煩，你們打哈欠。光只是看著你們，我們就會咯咯發笑，我們在笑自己到底聚集了一群什麼樣的笨蛋！」

沒有什麼能夠被訴說；當你知道時，也沒有任何方式能夠表達。如果你想要表達的話，那麼最接近於神的字眼是愛。即使那也只是接近而已，但是那已經非常接近了。而「神」這個字眼會讓人聯想到錯誤的人、錯誤的概念。事實上，當你說出「神」這個字眼時，很多人會覺得反感。

我對這個字眼毫無執著；你可以放掉它。但是記得愛；我沒有辦法叫你放掉愛，因為沒有愛，你永遠無法到達神。沒有神，你還可以愛，而且無論你是否知道，無論你相信與否，神是一定會到來的。相信不是必要的條件：愛卻是絕對必要的，一個必須品。

你曾經聽我說過神就是愛。經驗它，然後你所有的恐懼都會消失。而且開始放掉傳教士以及好幾世紀以來的錯誤制約。是他們讓你變得害怕。

事實上，傳教士是神的敵人，因為他們的存在，所以越來越多人害怕神，人們知道神的機會也變得越來越少——因為恐懼是一道牆，不是一座橋樑。愛是一座橋樑，不是一道牆。當然，恐懼協助教士存活下來並且剝削你，但是它也讓你錯失神。傳教士其實服務的是魔鬼。如果有所謂魔鬼這種東西存在的話，那麼傳教士是為魔鬼而服務；他們服務的不是神。

這就是為什麼，即使有這麼多的宗教存在，但這個星球卻依然缺乏宗教精神，完全沒有宗教精神。這個世界上有這麼多的寺廟，這麼多的教堂和清真寺，但是你仍然感受不到宗教的芬芳。你無法在人們臉上看到優雅，你無法在人們的眼睛看到寧靜，你看不到他們雙腳上的舞蹈，你看不到他們生命裡的神性。他們或許會說自己相信神，但是他們的生命訴說著不同的話語，全然不同的話語。他們的生命不曾顯示出任何宗教精神；不誠實、不真實、不誠懇、恨意、憤怒、貪婪——沒有任何祈禱、愛、慈悲與靜心。

就是靜心，就是愛——忘掉傳教士；把他們驅趕出你的存在。你的痛苦正來自於他們。

第五章　愛：最純粹的力量

愛擁有無比的力量，但卻是一種非常不同的力量。我們熟悉的是暴力、攻擊性的力量，我們熟悉的是動物性的力量——破壞性的力量。這就是為什麼我們的歷史上不斷充斥著像亞歷山大大帝、成吉思汗、帖木兒、納迪爾沙、希特勒、史達林以及諸多類似的人。這些人有某種特定的力量，但是那是暴力、攻擊和破壞性的力量。它反對神，它反對存在。這些人其實是罪犯。歷史需要重寫，這些人應該從歷史上完全地抹去，就像是他們從來不曾存在過一樣。孩子不應該被他們的名字所毒化。

歷史應該關注的是佛陀、耶穌基督、查拉圖斯特拉、克里希納、卡比爾、密拉和拉比雅——這些充滿愛的男人和女人。他們也有著力量，但是那是一種全然不同的力量，它創造。摧毀是很容易的。即使是一個孩子都可以辦到，任何傻子都可以辦到，它不需要聰慧。但是創造需要莫大的聰慧。創造只會發生在那些經驗過美、真實與愛的人身上。

問題

當你談到尼采關於意志的概念時，它跟納粹所發展出來的意志概念是截然不同的，它們源自同一個源頭，而後者在西方非常普及。你可以說明一下其中的差異嗎？

天才注定有著被誤解的命運。如果一個天才不曾被誤解的話，他就根本不是天才。如果一般大眾可以了解他，這代表他所說的話語跟一般普通聰慧人士的水準是一樣的。尼采被誤解，而出於這份誤解一場無比的災難也跟著出現了。但是，或許那是無可避免的。因為要了解像尼采這樣一個人，你需要擁有跟他至少同樣的意識，如果沒辦法比他更高的話。希特勒非常遲鈍，你不可能認為他能夠了解尼采的意思；不過他卻變成尼采哲學的先知。根據他遲鈍的頭腦，他詮釋尼采——不只詮釋，而且他還根據那些詮釋來行動——然後第二次世界大戰就是他行動的結果。

當尼采談論「力量意志（will to power）」時，那跟操控的意志沒有任何關係。但是這是希特勒所賦予的意義。

「力量意志」跟操控意志是截然不同的。這個操控意志源自於自卑情節。一個人想要操控他人，只為了向自己證明他並不差勁——他是優秀的。但是他需要證明它。沒有任何證明的話，他知道自己是差勁的；他需要透過許許多多的證明來掩蓋這一點。

一個真正優秀的人不需要證明，他就是優秀的。一朵玫瑰會爭辯它自己的美嗎？滿月會耗費能量去證明自己的光輝嗎？一個優秀的人他自己就是知道，那不需要任何證明，也因此他沒有操控的意志。他確實有一種「力量意志」，但是這時候你需要進行非常細微的區辨。他的力量意志意味著：他想要成長來到他最完滿的狀態。

這跟其他任何人都無關，他的整個重點只在自己身上。他想要綻放，想要帶出所有潛藏在他內在的花朵，想要盡可能地高飛在天空裡。那甚至是無可比較的，那不是試著比別人更高——而是試著來到他潛能最完滿的極致。

「力量意志」是絕對個體性的。它想要在高高的天空裡舞蹈，它想要與星辰有所交流，但是它對於證明他人的差勁沒有興趣。它不是競爭性的，它不是比較性的。

希特勒和他的追隨者——納粹，為這整個世界帶來如此巨大的傷害，因為他們阻礙了世人了解尼采以及他真正的意思。而這還只是其中的一部分；他們還有其他概念，那些概念也同樣被誤解了。

那是一個令人感到悲傷的結果，在尼采之前，這種情況從來不曾發生在任何偉大的神祕家或詩人身上。耶穌被送上十字架或是蘇格拉底被毒殺，這些都不如發生在尼采身上的事情更令人感到悲傷——他被誤解的如此嚴重，以至於希特勒以尼采的哲學與名義，屠殺了超過八百萬人以上。這會需要一些時間……當希特勒、納粹和第二次世界大戰被遺忘時，尼采會恢復他原有的真實光亮。現在，這正在發生。幾天前，來自日本的門徒告訴我，我的書被翻譯成日文之後的銷售量達到第一，而其次是尼采的書——他的書也銷售的很好。更早一點，這同樣的消息也從韓國傳遞過來。或許人們發現這些書裡有著類似之處。但是尼采需要被重新詮釋，好讓人們能夠丟棄納粹在他美好哲學上所製造出來的胡扯。他需要被淨化，他需要一個洗禮。

小薩米跟他的爺爺說到偉大的科學家愛因斯坦，還有他相對論的歷史。

爺爺說：「嗯，沒錯。然後這個理論說的是什麼呢？」

這個男孩解釋說：「我們老師說這個世界上只有少數幾個人能夠了解它，不過她還是告訴我們它的意思是什麼。相對論就像是：如果一個男人跟一個漂亮的女孩坐在一起一個小時，那感覺起來像是一分鐘；但是如果他坐在熱火爐上一分鐘，那感覺起來像是一個小時——這就是相對論的理論。」

爺爺安靜了一會，然後慢慢地搖頭非常柔和地說：「薩米，你的愛因斯坦就是靠這個過活的嗎？」

人們只能根據他們自己的意識程度來了解。

尼采落入納粹的手裡是一個意外。他們需要某種哲學來支持戰爭，而尼采欣賞戰士所具有的美。納粹想要有某種概念來支持戰鬥，尼采給了他們一個好藉口——因為超人。所以，他們當然馬上就緊抓著超人這個主意：日耳曼德國雅利安人將會是納粹的新人類種族，超人。他們想要控制世界，而尼采是非常有幫助的，因為他說人類最深的渴望就是「力量意志」。他們把它改變成操控意志。

現在，他們有了整個哲學：日耳曼德國雅利安人是優秀的種族，他們即將誕生出超人。他們有著權力意志，而他們將會控制全世界。這就是他們的命運——控制那些次等人類。很明顯的，他們的計算很簡單：那些低等的人就是應該為優秀的人所控制。

那些原本美好的概念……尼采大概永遠都無法想像，它們會變成如此地危險，並且成為整個人類的一場惡夢。但是你沒有辦法避免被誤解；你沒有辦法對這種情況做任何事情。

一個醉鬼聞到威士忌、雪茄和廉價香水的味道，他搖搖晃晃地走上進入酒吧的階梯，再搖搖晃晃地走過通道，然後讓自己噗通一聲坐在一個天主教神父的隔壁椅子上。

這個醉鬼花了很長一段時間注視著旁邊那個受到冒犯的伙伴，然後說：「嘿，神父，我有一個問題要問你。關節炎是怎麼形成的？」

那個神父冷漠而敷衍地回答說：「不道德的生活，喝太多的酒，抽太多的菸，還有跟那些隨便的女人廝混在一起。」

那個酒鬼說：「喔，那糟了！」兩人之間沉默了一會。神父開始覺得有點罪惡感，他對於這個很顯然需要基督慈悲的人反彈太嚴重了。所以他轉向那個酒鬼對他說：「孩子，我很抱歉。我不是刻意要這麼嚴厲的。你因為這個關節炎苦惱多久了？」

那個酒鬼說：「我的苦惱？我沒有關節炎啊。我只是看報紙的時候讀到，教宗得了關節炎。」

現在，你能怎麼辦呢？一旦你把話說出去了，一切都取決於對方，他會怎麼理解它。

但是尼采有著無比的重要性，所以那些納粹加諸在他理念上的垃圾需要被清理掉。而最奇怪的事情是，不只是納粹，這個世界上的其他哲學家也同樣誤解他。或許他真的是一個極度偉大的天才，以至於那些所謂的偉人也無法了解他。

他帶入了很多非常新的洞見來到思考的世界裡，光只是其中的一項洞見都足以讓他成為這個世界上的偉大哲學家——而他有幾十個洞見是絕對原創的，是人類從來未曾想過的。如果人們能夠正確地了解他，尼采絕對會創造出正確的土壤和氣氛，讓超人得以誕生。他可以協助人類蛻變。我對這個人有著無比的敬重，也為他的被誤解感到極度的難過——他不只被誤解，還被強迫進入瘋人院。當時的醫生宣稱他瘋了。他的見解遠遠地領先普通人的頭腦，以至於普通人的頭腦很高興地宣布他瘋了：「如果他沒瘋的話，那麼就是我們太普通了。」他必須要瘋，他必須進入瘋人院。

我的感覺是，他從來沒有瘋過。他只是太過領先他所處的時代，他太過誠懇、太過真實。他就是說出他所經驗到的，毫不顧慮政治、傳教士和其他的侏儒。但是那些侏儒的數量太多，而他是如此地單獨，他們不想聽到他沒瘋這件事情。而能夠證明他沒瘋的是他的最後一本書，那是他在瘋人院裡寫的書。而我是第一個說他沒有瘋的人。看起來，這個世界是如此地狡猾，充滿了政客般的頭腦，人們只會說出那些能夠為他們帶來名聲的話語，能夠得到群眾掌聲的話語。即使連你們所謂的偉大思想家也並不怎麼偉大。

尼采在瘋人院裡所寫的那本書是他最傑出的一本，它是個絕對的證明，因為瘋子沒有辦法寫出這樣的書。他最後這本書就是《力量意志》（*The Will to Power*）。他沒有看到它出版，因為誰會出版一個瘋子的書呢？他敲過許多出版商的門，但是都被拒絕了——然而現在所有人都同意那是他最傑出的一本書。在他死後，他的姊妹必須賣掉房子和財產，才能出版這本書，因為這是他最後的願望，不過他沒有看到它的出版。

是他瘋了嗎？還是是我們生活在一個瘋狂的世界裡呢？如果一個瘋子可以寫出《力

量意志》這樣一本書——那麼即使是瘋了，也比隆納．雷根的清醒要好，因為他製造原子武器——有上萬個人在製造原子武器的工廠裡二十四小時不斷地工作。你們說這個人是清醒的，然後你們說尼采瘋了？

一個年老的印第安人坐在一間酒吧裡，然後一個長髮、蓄鬚、骯髒的嬉皮衝進酒吧裡點了一杯酒時。這個嬉皮不修邊幅而粗魯的言行把酒吧裡的人都逼走了，但是那個老印第安人平靜地坐在那裡觀看著。最後，這個老嬉皮轉向他說：「嘿，紅傢伙，你見鬼的為什麼要瞪著我？你瘋了嗎，還是怎麼回事？」

那個印第安人說：「二十年前，我因為對水牛做愛而被逮捕。我在想你可能是我兒子。」

問題

我要如何使用我的力量而不失去我的愛？我要如何使用我的力量而仍然保持一顆敞開的心？對我來說，愛和力量似乎是矛盾的。事情真的是這樣嗎？可以請你就這個部分說些話嗎？

你所提出來的這個問題跟前一個人所提出的問題是一樣的。你也有著同樣的誤解，即使跟尼采無關。基本上，你問說：「我要如何使用我的力量而不失去我的愛？我要如何使用我的力量而仍然保持一顆敞開的心？對我來說，愛和力量似乎是矛盾的。」

這就是你的誤解。

愛和力量不是矛盾的。

愛是這個世界上最偉大的力量。

但是你需要再一次了解：當我說力量時，我指的不是凌駕於他人之上的力量。凌駕於他人之上的力量不是愛；凌駕於他人之上的力量是純粹的恨，它是有毒的，它是破壞性的。

對於我，還有對於那些知道的人而言，愛它本身就是力量——最偉大的力量，因為沒有什麼能夠比愛更具有創造性了。沒有什麼能夠比愛更能令人滿足了，沒有什麼比愛更為滋養的了。當你在愛裡的時候，所有的恐懼都會消失。當你自己成為愛的時候，甚至連死亡都變得無關緊要。

當耶穌說「神是愛」的時候，他距離真實並不遠。很明確地，神是力量，一種巨大的力量。我想要修改一下耶穌的話，我不會說神是愛，我要說愛是神。對我來說，神只是一個象徵，而愛卻是事實。神只是一個迷思——愛卻是上百萬人的經驗。神只是一個字眼，但是愛卻可以成為你心裡的一首舞蹈。

你的誤解在於你認為力量指的是凌駕於他人之上的力量。而那只因為你誤解了，而這也是上百萬人的誤解。因為這種誤解，他們摧毀了愛所具有的美。結果與其是在這裡透過愛創造出一個天堂，他們為彼此製造了地獄，因為每個人都試著操控他人——以愛為名，但是內在深處則是操控的欲望。

愛的本身是無條件的。它只知道給予、分享；它沒有任何要求回報的欲望。它不要求任何回應。它的喜悅和它的報酬就在分享當中。它的力量就在它的分享裡。它是如此地有力，以至於它可以持續地跟上百萬個人分享，而心中仍然滿溢著愛——它是無窮無盡的。這就是它的力量。

你問說：「我要如何使用力量而不失去我的愛？」如果你想要操控，那麼你一定會失去你的愛。但是如果你想要愛，你可以如你所願地盡情地愛。在力量和愛之間沒有矛盾。如果在力量和愛之間有矛盾，那麼愛會變得無力，它會變得無能、非創造性且虛弱；力量會變得危險、具有破壞性——它會開始享受折磨人們。

愛和力量的分離是這個世界的悲劇。愛和力量一起，成為一股能量，可以帶來無比的蛻變。生命可以變得喜樂。而這裡你唯一需要的就是放掉誤解。

就像是如果你認為二加二等於五，然後有人指出你的錯誤：二加二不是五，二加二是四。你認為你需要經歷許多苦修來改變你錯誤的概念嗎？你需要用頭倒立好幾個小時來改變你的想法：二加二是四，而不是五嗎？還是因為你的計算錯誤，你需要斷食到死，來改變你的誤解？還是你需要放棄這個俗世，還有其中所有的歡愉，只因為你計算錯誤，所以你需要先淨化你的靈魂；否則你怎麼能夠正確的演算？

這是非常簡單的計算，一個了解的人可以在一秒鐘內解決。那需要的只是看到自己在哪裡走叉了路。然後把你自己帶回來。

一個男人跟他的心理醫生說：「我昨晚做了一個奇怪的夢，我看到我母親，但是當她轉身看著我的時候，我注意到她有著你的臉孔。你可以想像，我覺得非常受打擾；我馬上因此而醒了過來，再也無法入睡。我就是躺在床上等到早上，起床，喝了一罐可樂，然後直接來這裡赴約。我想你應該可以幫忙解釋這個奇怪的夢有什麼意義。」

那個心理醫生安靜了一會，然後他回應說：「一罐可樂？你把這稱為早餐？」

那個可憐的傢伙來是為了了解他的夢，為什麼他母親的臉會變成他心理醫生的臉；但是那不是心理醫生的問題。對他來說，問題是：「一罐可樂？你把這稱為早餐？」

就是看看這些人所說的話，你會覺得很訝異——到處都有著誤解。你說了一些事情，但是人們理解的是另外一回事；別人說了一些事情，你所理解的又是不同的事情。

如果人們只表達他們目前所說話語的其中百分之五，這個世界會變得比較寧靜與平靜——即使是百分之五，那也絕對足以表達所有一切重要的事情，而我所說的不是最小值——而是最大值！你可以嘗試看看：只說重點，就好像你在打電報一樣，所以你不斷地只選擇十個字。你曾經觀察過嗎？你的電報要比你長篇大論的信更有意義，更濃縮。讓你自己的表達就像是寫電報一樣，然後你會很驚訝地發現，一整天下來，你需要說話的時間很少。

有一個退休的數學家過去住在我隔壁。他一輩子都是個老師，所以他退休之後感覺很苦惱。他太太已經好幾年不跟他交談了，因為她說：「他太無趣了！最好不要跟他談話。不然他馬上就會把話題轉向數學。」沒有任何鄰居歡迎他；我有一個鄰居非常擔心我，因為這個退休的數學家經常會到我那裡一待就是好幾個小時。他擔心我被那個老傢伙折磨。他給了我一個建議。他說：「我給你一個如何擺脫那個老傢伙的建議。每當你看到他要來了，就是拿著你的雨傘，站在門口，好像你正要出門一樣，然後他會說：『你要去哪裡？』然後你可以說你要去某個地方。」

我說：「你不了解那個男人！如果我說我要去那裡的話，他會說：『我跟你一起去。』那種折磨更多。最好還是待在這裡。而且那也不算什麼折磨，我還算享受，因為我不用說任何話。我就只是靜靜地坐著。他自己一個人就可以完成所有事情。他會說話，而且他會說個不停，不斷地說，然後到最後他還會謝謝我，對我說：『你真是一個健談的人。』然後我會跟他說：『比不上你，不過我正從你身上學習到一些。』」

人們不想要你說話，他們想要你傾聽。如果你學習到傾聽人們的簡單藝術，這個世界上可以減少很多的誤解。

一對非常年老的的伴侶傾聽著收音機上面的宗教宣導。那個宣講者最後用一句話來結束他的演講：「神想要療癒你們所有的人。就是站起來，把一隻手放在收音機上，然後把另外一隻手放在你身體上生病的部位。」

那個老女人搖晃地彎著腰，把一隻手放在收音機上，一隻手放在她有關節炎的腿上。另外那個老人把一隻手放在收音機上，一隻手放在他的陰莖上。

老女人嚴厲的斥責他：「佛瑞德！這個宣講者說的是神會療癒疾病，但不是起死回生。」

但是你沒有辦法避免誤解。

我不知道是誰給了你這種概念，愛和力量是矛盾的。改變它，因為改變它也會改變你，以及你的一生。

愛是力量，最純粹的力量，最偉大的力量。愛是神。沒有什麼比它更高的了。但是這種力量不是一種奴役他人的欲望，這種力量不是一種破壞性的力量。這種力量是創造的根本源頭。

這種力量是創造力。

這種力量會全然地蛻變你成為一個新的存在。它關注的焦點不在其他人身上。它唯一所關注的就是帶領你的種子來到它最終極的綻放。

問題　你前幾天說義務是一種髒話，但是我也曾經聽你說過許多次，你想要你的門徒擔負起無比的責任。請告訴我，難道義務跟責任不是同一回事嗎？

義務和責任在字典上是同義詞，但是不是在生命裡。在生命裡，它們不只是不同，它們還是截然相反的。義務是以他人為取向的，責任則是以自己為取向的。當你說「我必須做這件事」時，那是一種義務。「因為我的母親生病，我必須去看她，陪在她身旁。」或是「我必須帶花去醫院看她。我必須這樣做，她是我媽媽。」義務是以他人為取向的，在這其中，你沒有任何責任。你只是在履行一項社會上的禮儀——因為她是你媽媽；實際上你並不愛她。這就是為什麼我說義務是一種髒話。如果你愛你母親，你不會說「這是一項義務」。如果你愛你母親，你會去醫院，你會帶著花去，你會照顧她，你會陪伴她，你會按摩她的腳，你會感受她的感覺，但是那不是義務——這是承擔起責任。你是出於你的心而回應。

責任意味的是回應的能力。你的心震動著，你可以感覺到她的感受，你關心她——不是因為她是你的母親，那是無關緊要的；你愛這個女人。她是你母親——是或不是，這都是次要的——但是你愛這個女人，你愛她就是她。這是一種來自於你的心的流動。你不覺得自己必須感激她，你也不覺得自己需要四處宣傳你是一個履行義務的兒子。你不覺得自己做了些什麼。你並沒有做什麼。你做了些什麼嗎？就只是帶幾朵花給一個生病的母親，然後你覺得自己完成了什麼不得了的職責嗎？這就是為什麼我說義務是骯髒的。這個字眼本身就是骯髒的；它是以他人為取向的。

責任則有著全然不同的向度：你愛，你關心、你感覺；它來自於你的感覺。義務來自於念頭，認為她是你的母親：「這就是為什麼我必須」……「也因此」……它是一種推論法，它是合乎邏輯的。某種程度來說，你是強迫拖著自己過去的——你想要逃離，但是你能怎麼辦呢？你的名聲受到威脅。人們會說些什麼呢？你的母親正生病著，而你卻在酒吧裡享受，你還在跳舞，而你的母親卻生著病？不，你的自我會受傷。如果你可以避開母親，而不會讓你的名聲和自我受損的話，你會避開她的。你會去醫院，然後很快就離開。你會找一些理由：「我必須走了，我跟別人約好了。」那很可能不是事實。但是你想要避開這個女人，你不想跟她待在一起；即使連五分鐘都太多了。你沒有愛的感覺。

我反對的是義務，但是責任——沒錯，我說過我的門徒需要擔負起無比的責任。而一旦你放掉義務，你就可以自由地負起責任。

在我小的時候，我爺爺很喜歡有人按摩他的腳，他會找任何人幫他——任何當時經過的人。他年紀很大了，他不時會問說：「你可以按摩我的腳嗎？」有時候我會說好，然後我會按摩他的腳，有時候我會說不。後來他開始好奇起來。他說：「怎麼回事？有時候你說好，然後再也沒有人像你一樣，那麼有愛意地按摩我的腳了——但有時候你會說不。」

我說：「不論何時，當它是一個義務的時候，我說不。當它是一個責任的時候，我就會去做它。」他說：「這其中有什麼差別？」我說：「這就是差別。當我覺得有愛的時候，當我覺得想要按摩你的腳的時候，我就會做它。當我覺得那只是一個儀式——因為你提出了要求，所以我必須要做它，這樣的話，我的心不會在這裡，因為有些孩子在外面玩耍，他們邀我一起……當我根本不會在這裡的時候，那我就不想這樣做，因為那會是醜陋的。」所以有時候當他要我幫他按摩時，我會對他說不。而有時候，我自己會去找他，問他說：「你現在想要被按摩一下嗎？我現在有心情。如果你現在讓我按摩的話，我會進行的很美。」

當你行動時，讓它來自於你的感覺，來自於你的心；永遠不要壓抑你的心。也永遠不要跟隨你的頭腦，因為頭腦是社會化的副產品；它不是你的真實。跟隨你的真實而行動，讓你的真實採取行動。不要根據原則、儀式、行為模式而行動，那些孔子所謂「君子」的行為。不要當個君子，而是當一個男人——那就夠了。當一個女人——那就夠了。當一個真實的男人，當一個真實的女人。有時候當你想做某些事情的時候——那就做它，把你的心傾注於其中，這麼一來，那會是一個美麗的綻放。有時候，你不想做些什麼的時候，就是說不，清楚地表達。不需要隱瞞偽裝。

第六章　如海洋般的存在經驗

愛是唯一的蛻變希望。愛是蛻變的煉金術，但是愛並不容易，它是這個世界上最困難的事情。

每個人都以為它是最容易的事情，因為每個人都認為自己愛人。父母親認為自己愛孩子，孩子認為自己愛父母，妻子們認為自己愛先生，朋友們認為自己友愛彼此——每個人都認為自己在愛。然而，這種認為「自己知道愛是什麼，我們已經在愛人了」的想法——就是一種障礙。它阻礙了人們知道愛是什麼。

愛不是生理上的。對於愛，我們其實非常困惑：我們認為那是一種生理上的衝動。它其實是心靈上的。沒錯，愛也可以透過生理來表達，但是它不是源自於生理。愛從你的本性存在裡升起，朝著你的外圍散布出去，它不是從外圍所升起的。在你的外圍有的只是情慾，而情慾被人們誤解為愛。但是沒有人想要看到這項事實，因為情慾是容易的；它是一種下坡式的行為。而愛是一種上坡式的任務：你需要提升到某種高度。愛需要莫大的決心；愛需要莫大的意識。愛需要自我最終極的犧牲。當一個人準備好犧牲自我，準備好讓自己保持全然地覺知時，出於這種無我的覺知狀態，一種芬芳開始從你的存在裡升起。那就是愛。

問題　我在這裡是為了什麼？

沒有理由。完全沒有任何目的。

你想要成為一樣東西嗎？東西是有目的的。如果你問我這個椅子有什麼目的，這個問題很簡單——為了讓人們能夠坐在上面。如果你問我這個麥克風有什麼目的——為了讓人們的話語能夠傳遞出去。如果沒有人坐在這張椅子上，它會是完全無用的；它會被扔掉。如果沒有人用這個麥克風說話，它是不必要的。它就是無用的，它也就沒有了存在的目的。但是你在這裡是為了什麼？——沒有任何原因！你不是椅子，你不是麥克風。你不是一間讓人居住的屋子。你是沒有目的的。而這是很美的，這也是生命所具有的榮耀。生命是一個無目的的現象。它存在，不因為任何事情。或者說，它存在，只為了它自己。這兩者是一樣的。

事物的存在是為了其他事情；它們是工具。人類的存在是為了他自己；他本身就是終點。

你愛某人。為了什麼？——為了愛本身。如果你愛一個人是因為他所擁有的金錢，那麼你並不愛他。如果你愛一個人是因為他所帶來的名聲，那麼你並不愛他，你在做的是其他事情。發生在你身上的是其他事情，而不是愛——那可能是生意、政治，或是其他原因，但是絕對不是愛。

愛的本身就是目的。你愛，就是為了愛本身的緣故。

這些鳥兒是為了什麼而歌唱呢？為什麼？就只是為了歌唱時那純粹的喜悅。它們在那裡歌唱，不是為了獎勵。它們的歌唱也不是為了競爭。它們的歌唱甚至不是為了讓你傾聽。它們就只是歌唱著。它們充滿了能量，而那些能量四處洋溢。它們有著這麼多的能量，要拿這些能量來做什麼呢？所以它們跟存在分享。它們是奢侈的，它們一點也不吝嗇。

如果你歌唱，你首先會看：我是為了什麼？有人會欣賞嗎？你會得到某種獎賞嗎，世俗的獎賞，還是微妙不可見的獎賞。這時候，你不是一個歌者，你是一個商人。如果你的舞蹈是為了讓觀眾們觀賞，你所尋求的是他們的欣賞，他們的掌聲，這時候，你不是一個舞者。一個舞者他純粹就只是舞蹈。如果人們看到，人們欣賞且享受，那是一回事，但是那不是他的目標。一個舞者可以單獨地舞蹈著，沒有任何人在那裡觀賞。一個歌者可以單獨地歌唱著。這些活動本身就是莫大的報酬，它們不需要其他的目標、其他的目的。

你的存在是為了你自己。這個問題本身顯示了，你是透過頭腦在看待生命。頭腦是目的性的。心是無目的的。這個問題本身顯示了，你想要成為一樣東西，一個被販售的貨物。

一個妓女愛人，但是那不是愛；那是市場上的一項貨物。你愛，但是那不是一項貨物；它是一種四處洋溢的能量。你跟某人分享你的快樂、你的喜樂。你覺得跟他在一起感覺愉快，你覺得和諧。你覺得跟他是融洽的。這個行動本身就是寶貴的，它的價值來自於自身。在它之外沒有其他的目的了。它不會引領你到達哪裡。它引領你到達它自身。

這是你需要了解的。所有生命裡美好的事物都因為它們本身；它們有著本質上的價值。而所有平常的事物則是有目的的。人們不斷地詢問為什麼神創造了這個世界：「為什麼神要創造它？」他們把神視為一個製造者。為什麼？為什麼祂創造這個世界？這其中沒有「為什麼」，而所有回答「為什麼」的答案都是宗教特準後的胡扯。祂創造純粹是因為他享受。創造本身就是享受。祂熱愛創造。創造讓祂感到高興。

基督教的故事說神創造了這個世界，完成後祂看了這項創造品，然後祂說：「好，很好。」祂這句話是對誰說的？那裡根本沒有人。祂是在對自己說：「好。」祂享受創造；一種莫大的喜悅從祂的內在升起。祂創造這個世界並且愛祂，就像是一個畫家繪畫，然後他會拉開一段距離，從這個角度、那個角度來看著他的畫，在這同時他感到快樂，一種無比的快樂。不是因為這張畫會為他帶來金錢——它可能不會帶來任何東西。

最偉大的畫家之一，文森・梵谷，生活的像個乞丐一樣，因為他賣不出任何一張畫。不只是因為他賣不出去，他還被人們譴責為瘋子。誰會去買那些畫呢？當時它們是毫無價值的。

現在，他的每一幅畫價值上百萬美金，但是在他所在的時代，沒有人準備要購買他的畫。他會把畫送給朋友，但是他們甚至不敢把畫掛在牆上，因為其他人會認為他們瘋了。他一輩子都沒有賣出任何一張畫。

他的弟弟，里歐・梵谷，非常擔憂他。他是一個生意人，他不認為有人能夠持續地畫畫卻沒有賣出任何作品。所以他說服一個朋友，給了他一些錢，要他去梵谷那裡至少買一張畫，讓他感覺好一點。

那個人去了。當然他對梵谷的畫沒有任何一點興趣；他只是在執行朋友交給他的任務。他拿了錢，他可以買任何一張畫。梵谷馬上就開始懷疑起來，因為那個人甚至不曾看著他的畫。他就是說：「好，這張可以。收下這些錢吧。」

梵谷把錢扔出屋外，也把那個人趕出去，他說：「永遠不要再到這裡來！我懷疑這些錢不是你的，你對畫沒有任何一點興趣。一定是我的弟弟主導了這整件事情。滾出這裡。我不會賣我的畫。」

梵谷自殺的時候還非常年輕——三十六、三十七歲——因為他覺得自己已經創作完所有能夠創造的了，接下來的生命只是悲慘地苟延殘喘而已，甚至還沒有足夠的食物……他一個星期只進食三天，因為他弟弟給了他足夠的錢購買食物，但是他還需要買顏料、畫紙跟筆刷。所以他會省下四天的飯錢買顏料畫畫，另外三天他會購買食物來吃。

但是他是一個無比快樂的人。當時沒有人欣賞他的畫，所以他會看著自己的畫。他必然就像神一樣，曾經說過類似的話：「好，很好，我又完成一次了。」

永遠不要問你是為了什麼而在這裡；你在這裡是為了你自己。除非你明瞭這一點，否則你會錯過許多事物。內在深處，你最深的中心一直等著某個人因為你而愛你；不為其他任何原因，就只是為了你。你一直期待有一個人會對你說：「我愛你就只是為了愛的緣故。我愛你現在的樣子。我愛你，因為你是你。我愛你，愛你的存在，而且那是沒有目的，沒有原因的。」

除非有人來愛你，並且無意義地愛著你，否則你不會感受到生命的光亮。記得，在這個無意義裡，隱藏著生命的整個意義。當某人是有意義地愛你時，他已經把你縮減為一項物品。你是一個東西，而他是一個購買者。當某人就只是因為你而愛你，完全沒有任何理由時，突然間你內在的花朵會綻放。你被接納，如你所是地被接納。

愛總是如你所是地接納你，而透過這份接納，許多的蛻變開始發生。你可以綻放。現在，沒有恐懼。現在，沒有人期待你任何事情；你可以放鬆。現在，沒有什麼除你之外的目的了；你就是那個目標。你可以舞蹈和慶祝。

曾經有過這樣的事情……

在西元前四世紀。雅典偉大的哲學家柏拉圖創建了一所學校，柏拉圖學園，在他們的課程裡，數學占據了相當大的比例。

柏拉圖無比地熱愛數學，他是一個數學的詩人、熱愛者。在他的學園大門上寫著：「如果你不了解數學，請勿進入。」在你進入柏拉圖學園之前，你必須先學習數學。它的教學是當時最為嚴謹的教學。

有一個學生，他被要求就數學的柏拉圖理論進行嚴格的心智練習，他不斷徒勞無益的尋找那些美妙定理的應用方式，因為他認為數學概念應該是有用的。

最後，他終於對柏拉圖說：「但是，這些定理能夠運用在哪裡呢？我看不出它有任何實際的運用價值。這個定理很美，它們是純粹的數學，但是它有什麼功用呢？這些原理能夠被運用在哪裡呢？它們能夠帶來什麼好處呢？」

這個老哲學家看了一眼這個提問的學生，轉向他的僕人說：「給這個年輕人一角錢，讓他覺得從我的教學裡至少有得到一些收穫，然後把他趕出去。」

要了解這件事情並不容易，因為對柏拉圖而言，數學是他的熱愛，他的摯愛。利益根本不是問題，有什麼用處也不是問題。光只是思考那些形式——純粹的數學式——就夠了。那個思考本身就會帶領著人們進入未知。那跟任何效用都無關。

生命本身就已經足夠了。如果你試著要滿足某些目標，你會錯過生命。然而這是你從一開始就被教導的——每個父母都嘗試迫使你成為有用的。他們擔憂你會成為一個流浪漢，一個無所事事的人。他們擔心你會變得無用。他們擔心你無法證明自己在這個世界上是有用處的；然後，誰會來欣賞你呢？他們的自我在擔憂，因為，他們計畫透過你，來實現他們自己未曾被滿足的自我。他們的父母對他們做過這樣的事情，現在他們也對你做著同樣的事情。而你也會對你的孩子做同樣的事情。

死去的人不斷地騷擾著你。你的父親過世了，但是他會持續地騷擾著你。每當你放鬆的時候，你會聽到你父親的聲音：「你在做什麼？怠惰懶散！做些事情！」然後你會跳脫你的懶散，四處奔跑地做些什麼，因為你變得無用了。因為每個人都受到制約，要成為某種有用的人，所以你才會提出這樣一個問題：「為了什麼呢？」就好像如果你找不到答案，你會非常困惑與為難。放掉所有那些胡扯，光只是當你自己就已經足夠了。

我並不是要你變得懶散。我並不是要你成為一個寄生蟲。我的意思是活出你生命本有的價值。做任何你想要做的事情，但不是為了證明自己有用而做。你做一些事情，那是因為你喜歡。你做一些事情，因為那讓你感到快樂。你做一些事情，那是因為你熱愛它，然後突然間，所有一切都會有一種不同的色彩，所有一切都會變得光亮。

我的父母想要我成為一個科學家——如果不是一個純粹的科學家，那麼至少是一名醫生，一個工程師。我背叛了他們。現在，他們已經完完全全忘記這回事了，他們仍然是快樂的。他們是非常單純善良的人。但是當我背叛他們的時候，他們覺得非常受傷。他們懷抱著極大的希望。所有的父母都懷抱著希望，但是透過這些希望，他們毀了自己的孩子。

你需要變得自由，不受到父母的影響，就像是孩子遲早有一天需要離開母親的子宮，否則那個子宮會變成死亡之地。在經歷九個月之後，孩子需要離開子宮。他需要離開母親，不論那會是多麼地痛苦，也不論母親會感受到多麼強烈的空虛感，但是孩子需要離開。然後，在生命裡的某一天，孩子也需要脫離父母的期待。唯有如此，他真正第一次成為一個獨立的個體，而那是他與生俱來的權利。這時候，他站在自己的雙腳上。這時候，他變得真正的自由。

如果父母親能夠警覺，擁有更多的了解，他們會協助孩子盡快也盡可能地變得自由。他們不會制約孩子要成為一個有用的人；他們會協助孩子成為一個有愛的人。

一個全然不同的世界正等著誕生，在那裡人們會有自己的工作。木匠會工作，因為他喜歡木材。老師會在學校教學，因為他熱愛教學。鞋匠會不斷地製造鞋子，因為他喜歡製造鞋子。但是現在，事情非常的混亂。想成為鞋匠的人必須成為一名外科醫生，想成為外科醫生必須成為鞋匠。兩個人都非常憤怒。想成為木匠的人必須成為政客，想從政的人必須成為木匠。兩個人都非常憤怒。

人們的一生似乎都在深深的憤怒裡。看一看人們——每個人似乎都很憤怒。就像是每個人都不在自己該在的地方一樣。每個人似乎都是格格不入的。看起來，由於這種必須有用的概念，讓每個人都感到不滿足；它不斷地糾纏騷擾著每個人。

我曾經聽過一個很美的故事：

金伯格小姐到了天堂之後，她羞怯地對那個記錄的天使說：「請告訴我，我有可能跟某個已經在天堂裡的人碰面嗎？」

那個記錄天使說：「當然，如果你想碰面的那個人目前在天堂裡的話。」

金伯格小說說：「喔，她當然在，我很確定這一點。事實上，我想要見的人是聖母瑪利亞。」

那個記錄天使清了清他的喉嚨說：「喔，好。不過情況是，她在不同的區域，如果你堅持的話，我會提出你的請求。她是一個親切的女士，她或許會願意拜訪過去的老鄰居。」

這個請求被傳遞出去，聖母瑪利亞確實很親切。沒有多久，金伯格小姐就沐浴在聖母瑪利亞的光輝裡。金伯格小姐花了很長的時間注視著她面前那個充滿光輝的人物，最後她說：「請原諒我的好奇，但是我一直想要問您。請告訴我，擁有一個那麼棒的兒子，有著上百萬個人敬拜他為神的兒子，是種什麼樣的感覺？」

而聖母回答說：「金伯格小姐，坦白說，我們原本希望他能夠成為一個醫生。」

父母親永遠都對孩子懷抱著期望——而這份期望變成了監獄。讓我告訴你：愛你的孩子，但是永遠不要對他們懷抱期望。盡你可能地愛你的孩子，讓他們感覺自己是被愛的，就只因為他自己的緣故，而不是因為他有什麼樣的用處。盡可能地愛你的孩子，讓他覺得自己被如實地接納；他在這裡不是為了滿足任何人的要求。不論他從事什麼樣的工作，那都不會影響你對他們的愛。愛是無條件的。

這麼一來，一種全新的世界會出現。這麼一來，人們會很自然地從事他們喜愛的事情。人們會很自然地朝著他們生來就想要流動的方向前進。

但是，要怎麼說這些一般的父母呢？

讓我告訴你另外一個故事：

猶太法學博士約書亞，擁有一個模範人生，所有的人都很羨慕他，他在人生最圓滿的時候過世，上了天堂。在那裡，有著歡欣的讚美詩迎接著他。突然間，毫無理由地，他退縮了，他顫抖著的雙手遮著自己的臉，拒絕參加以他為名的慶祝活動。

所有的說服都失敗了，他被恭敬地引導來到最高的判決席，神的面前。神溫和的臨在這個高貴的猶太法學博士身上，神聖的聲音充滿了他的耳朵。神對他說：「我的孩子，根據記載，你的生活完全符合我的希望，然而你卻拒絕那份最符合你，也專門為你準備的榮耀。為什麼呢？」

約書亞低著頭，用微弱的聲音說：「喔，神聖的您，我不值得這份榮耀。我的人生必然在某個地方走向錯了方向，因為我的兒子，不顧我的身教與言教，成了一個基督徒。」

一個溫柔的聲音，甜美且帶著無比地同情說：「唉呀，我完全了解也諒解這一點。

畢竟，我的兒子也做了同樣的事情。」

期待，許多的期待！

人們不斷地對他人懷抱著期望。人們不斷地對他人懷抱著野心。放掉你父母的這些期待。記得，這是你唯一能夠原諒他們的方式。同時也記得，也唯有如此，終有一天你能夠敬重他們。

除非你是滿足的，除非你已經找到某些不只是職業，而是一種天命般的職業，感受到一種召喚，否則你永遠無法對你的父母感到高興，因為是他們把你帶入這個悲慘的世界裡。你沒有辦法感到感激，也沒有什麼事情能夠讓你感到感激。唯有當你感到滿足時，你才會感覺到無比地感激。只有當你不是一件貨物時，你才有可能會感到滿足。你的命運是成為一個人。你的命運是成為一個擁有本質價值的人。你的命運是成為你自己的終點。

問題　經驗過頭痛，我發現了我男性的品質。經驗過心痛，我發現了我女性的品質。是否也會有一種本性存在上的疼痛呢？

沒有所謂的本性存在疼痛。本性存在知道的是壯麗的整體、健康。它不知道任何疾病、病痛與死亡。一旦你超越你的頭和你的心，你也就超越存在的二元性。這份超越帶領你來到你的本性存在。

存在意味著你已經放掉自我，那是你頭的一部分。你甚至已經放掉了分離，非常細微且微妙的，那是你心的一部分；你已經放掉了在你跟整體之間的所有障礙。突然間，露珠從蓮葉上滑落進入海洋。與海洋合而為一。

在某個意義上，你不在了，在某個意義上，你第一次存在。身為露珠的你不在了，但是你第一次以海洋的形式存在，而這是你的本質。

有一個偉大的心理學家威廉·詹姆斯（William James），他帶來很大的貢獻，因為他精鍊出一個新的名詞來描述心靈上的經驗，這「海洋般的」經驗。他是完全正確的。那是一種擴展性的經驗，所有的邊界都消失了，越來越遠，越來越遠，越來越遠。某一個片刻到來，你再也看不到任何邊際；你成為海洋本身。你在，但是你再也不在監獄裡，你全然自由地高飛進入天空裡。

記得一件事情：展翅飛翔的鳥兒跟牢籠裡的鳥兒是完全不同的。牢籠裡的鳥兒是不一樣的，因為它失去了牠的自由，牠失去了牠遼闊的天空。牠失去了在風中、雨中、陽光下舞蹈的喜悅。你或許給了牠一個金子打成的牢籠，但是你也摧毀了牠的尊嚴、牠的自由和牠的喜悅。你已經把牠縮減為一個囚犯——牠看起來還是一隻鳥，但是牠不是。一個受限於頭腦疆界、心的疆界以及身體疆界的人是個囚犯，周圍有著一層又一層的高牆。

我在美國的最後一個監獄裡，那裡有著三道門。那是最現代化、超級現代化與科技的監獄；這種形式的第一座監獄是美國製造的。它當時才剛啟用三個月。所有一切都是電子式的。那三道門幾乎沒有任何一個人類能夠突破。首先，它們是電子式的——光只是接觸就足以致死。而且它們是如此地高以至於沒有任何階梯或東西可以跨越。然後……一道又一道，總共三道門。

那些門只能透過遙控來開啟，而我的獄卒通常會把遙控放在他的車上。他按一個按鍵，第一道門會打開。那道門幾乎就像是一座山一樣，非常的高而巨大，當車子進入時，它必須等待第一道門降下來。只有當第一道門降下來了，遙控才可以開啟第二道門，而當第二道門降下來關閉了，遙控才能夠開啟第三道門。

當我第一次在波特蘭進入那座監獄時，我跟那個獄卒說：「或許你不知道，但是你們設法完成了一個完美的象徵。」

他說：「什麼象徵？」我說：「這就是人類的處境：身體是第一道門，頭腦是第二道門，然後心是第三道門。然後在這三道門的後方是那可憐的靈魂。」

他說：「我從來沒有想過這點。這必然是巧合；沒有人會這樣思考，三道門……為什麼是三道？為什麼不是四道？」他繼續說：「我不知道。這不是我建造的。」

我對他說，不論是誰建造的，或許那個人潛意識裡感受到某種對稱，它吻合人類意識的禁錮，同時又是一個監禁人類的建築物。一旦你超越了這個身體……而這部分並不困難，因為身體某種程度來說很美，因為它仍然與大自然處在同一個頻率上。因此要超越它是容易的；它不會有多少抗拒。它會非常地配合。

真正的問題在於頭腦，因為頭腦是由人類社會所製造出來的，特別是，它的設計就是為了讓你成為一個奴隸。身體有著它自己的美，它仍然是樹木、海洋、山巒和星辰的一部分。它不曾受到社會的污染。它不曾受到教會、宗教和傳教士的毒化。但是頭腦則完全被制約、扭曲了，頭腦被灌輸的概念是完全錯誤的。你頭腦的運作幾乎就像是一張面具，遮蓋了你最初始的臉孔。

整個靜心的藝術就在於超越頭腦，而東方貢獻了將近萬年的時間，就只是為了一個目的——所有東方的智慧與天才——探索如何超越頭腦以及頭腦的制約。這萬年來的努力在精鍊出靜心方法之後達到高峰。

簡而言之，靜心意味著看著頭腦，觀照頭腦。如果你能夠觀照頭腦——就只是靜靜地看著它，沒有任何偏見、沒有任何欣賞、沒有任何譴責，沒有任何評判——就只是看著它，就好像你跟它無關一樣……它就像是頭腦裡來來去去的交通。你就是站在一旁，看著它。而靜心的奇蹟就在於：光只是觀照它，它會慢慢地消失。

當頭腦消失的那一刻，你來到最後一道門，而這道門是非常脆弱的——它也未曾受到社會的污染——那是你的心。事實上，你的心馬上就會讓出道路。它從不阻攔你，它幾乎一直都等著你的到來，然後它會開啟通往本性存在的門。心是你的朋友。

頭是你的敵人。身體是你的朋友，心是你的朋友，但是在這兩者之間站著一個敵人，它就像喜馬拉雅山一樣，一個巨大的山牆。但是你可以透過一個簡單的方法來越過它。佛陀把這個方法稱為味帕桑納（vipassana），派坦迦立把這個方法稱為靜心（dhyan）。而這個梵文字眼dhyan後來變成中國的禪（ch'an），到了日本，它變成禪（zen）。但是它們都是同一個字眼。在英文裡，沒有任何跟zen、dhyan或ch'an當對的字眼。所以我們只好使用meditation這個字眼。

但是你要記得：不論在你的字典裡，meditation這個字的意義是什麼，那都不是我這裡所指的意思。在所有的字典裡meditation指的是思考、冥想某些事情。每當我對一個西方頭腦說「meditation」時，他們馬上會提出一個問題：「冥想些什麼？」原因就在於在西方，靜心從來不曾發展到東方所謂dhyan、ch'an或zen的地步。靜心純粹意味著覺知——不思考任何事情，不沉思任何事情，不專注於任何事情。西方的頭腦總是關注於某些事情。當我說靜心的時候，我指的是一種覺知的狀態。

就像是一面鏡子——你認為鏡子會嘗試專注在某些事情上嗎？不論什麼東西，它來到鏡子面前都會被映照出來，而鏡子是不在意的。不論那是一個美麗的女人來到鏡子前，還是一個醜陋的女人來到鏡子前，還是沒有人來到鏡子面前，它都是毫不在意的。它就只是單純、映照著來源。靜心就像是一面映照的覺知。你就只是看著所有一切來到你面前的事物。

透過這種簡單的觀照，頭腦消失了。你曾經聽說過奇蹟，但是這是唯一的奇蹟。所有其他的奇蹟都只是故事而已。

耶穌在水上行走，或是把水轉變成酒，或是讓死人復生……全都是美麗的故事。如果你了解它們象徵的意義，那它們有著重要的意義。但是如果你堅持它們是歷史性的事實，那麼，你就是個笨蛋。就象徵而言，它們很美。就象徵而言，這世界上的每個師父都讓死人復生。我在這裡做什麼？把人們從他們的墳墓裡拉出來！而耶穌只在拉撒路（Lazarus）死後四天把他拉回來。我曾經把那些死了好幾年、好幾世的人拉回來！因為他們在自己的墳墓裡生活了多年，他們還很猶豫是否要回來。他們全力抗拒著：「你在做什麼？這是我們的家！我們在這裡生活的很平靜，不要打擾我們！」

就象徵而言，那是對的：每一個師父都試著給予你新生。就你目前的狀況而言，你並不是真正地活著。你像個植物人一樣。如果你把這些奇蹟當成比喻，它們有一種美。

我想起一個很奇怪的故事，這個故事已經完全消失在基督教的經典之中。但是它還在蘇菲的文獻裡。這個蘇菲的故事是關於耶穌的。

耶穌來到一個鎮上，當他進入這個城鎮的時候，他看到一個他認識的人；他以前就認識他。那是一個盲人，而耶穌治癒了他的眼睛。那個人追在一個妓女身後。耶穌停下問那個男人：「你還記得我嗎？」

他說：「是的，我記得你，而且我永遠也不會原諒你！我以前是個盲人，但我是全然快樂的，因為我從來未曾見過任何的美。你給了我眼睛。現在，告訴我，我要拿這雙眼睛怎麼辦？這雙眼睛被美麗的女人所吸引。」

耶穌沒有辦法相信……他愣住，驚嚇地說：「我以為我為這個人進行的是一種莫大的服務，但是他卻感到生氣！他說：『在你給我眼睛之前，我從來不曾想過女人，我從來沒有想過妓女這回事。但是自從你給了我眼睛，你也摧毀了我。』」

耶穌沒有說任何話語地離開了那個人——沒有什麼可說的。而當他繼續前進時，他發現另外一個躺在水溝裡的人，嘴裡說著各種無意義的話語，他完全喝醉了。耶穌把他從水溝裡拉出來，並且認出來他曾經治好了這個人的腿。但是現在，他開始感到一點不安。他問那個人說：「你認得我嗎？」

那個男人說：「是的，我認識你。就算是我喝醉了，我也沒辦法原諒你：就是你打擾了我平靜的生活。沒有腿的時候，我哪裡都去不了。我那時候是個和平的人——不爭鬥、不賭博，沒有所謂朋友的問題，也沒有上酒吧的問題。你給了我雙腿，自從那之後，我就再也沒有平靜過，我無法安靜地坐著。我追著這個跑，追著那個跑，最後我厭倦了，我只好讓自己喝醉。你可以看得到我現在的樣子。你要為我這種狀況負責任！你應該事前就告訴我，如果我有了雙腿，所有這些問題也會跟著出現。你沒有警告我。你就是治癒了我的腿，甚至沒有徵求我的同意。」

耶穌非常地生氣，他離開了那個城鎮。他沒有走多遠。他說：「沒有人知道我會遇到什麼樣的人！」但是當他離開那個城鎮的時候，他看到一個人試著把自己吊在樹上自殺。他說：「等一等，你在做什麼？」那個人說：「你又來了！我之前死了，但是你強迫我再度復活。現在，我沒有任何可享受的事情，我的妻子離開了我，因為她認為一個死人是不可能復生的；她認為我是個鬼。沒有人想看到我。我的朋友乾脆就不認我了。我去鎮上的時候，也沒有人會注意我。現在，你要我怎麼辦？然後再一次，當我要自殺時，你又出現在這裡！你在進行什麼樣的報復啊？你可以離我遠一點嗎？現在，我甚至沒有辦法自殺。你是這麼熱中於製造奇蹟，你甚至不在意那些人因為你的奇蹟而受苦！」

當我看到這個故事時，我很喜歡它。每個基督徒都應該知道這個故事。除了一件事情以外，沒有任何的奇蹟可言，而那唯一的奇蹟就是靜心所帶來的奇蹟。靜心帶你遠離你的頭腦。然後你的心永遠都歡迎著你。它始終準備好為你讓出道路，引導你來到你的本性存在。而本性存在是你的圓滿，它是你最終極的幸福。

一個警察注意到一輛車子很危險地在路上歪歪扭扭的前進著，當他讓那輛車子靠邊停下的時候，一個美麗的女士從車子裡出來。她很明顯地喝醉了，但是為了確認，警察還是做了酒精測試。結果很清楚，她喝得太多了，所以警察說：「女士，你必然喝了兩三杯烈酒（你必然有過很硬的兩、三根）。」

那名女人驚叫說：「我的老天，它還會顯示出這點？」

頭痛沒有問題，心痛沒有問題，但是不要再繼續尋找其他的疼痛了。因為在那之後，沒有疼痛，沒有痛苦、沒有苦惱。在心之後，你只會找到你一直所渴望的，不論是否你知道這份渴望，但是那是你一直在追尋的，也不論你是否意識到自己的追尋。

你的旅程漫長。基督教、猶太教、回教——這三個宗教都是在印度以外的地區所形成的——它們全都犯了一個很大的錯誤：它們給予人們一種你只有一輩子的概念。那製造了許多問題。

在東方，所有的宗教都同意一點：你已經在這裡上千世了；這不是你唯一的一世。你經歷過許多世；這趟旅程漫長，但是你一直幾乎在繞圈子，所以你的意識沒有滋長；你一次又一次犯下同樣的錯誤。你的每一世都幾乎耗費在重複的模式裡。

人們說歷史會重演。但是歷史沒有興趣重演它自己；它之所以會重演是因為我們是無意識的，所以我們持續一次又一次地犯下同樣的錯誤。我們的意識一直不曾改變。這就是為什麼我們每一世都生活在同樣的悲劇裡。我們不曾成長。

這已經夠了。我們需要開始在自己的本性存在上下功夫，尋找它，因為一旦你知道了自己的本性存在，這時候，你將不會再次誕生到身體裡。這時候，你不會再進入到另外一個監獄裡，這時候你會變得自由，免於所有的監獄。而這份最終極的自由是你唯一的功課，值得你經歷這麼多世的學習。

但是我們前進的方式就像是喝醉了一樣。

魯本·李文斯基告訴他酒吧裡的朋友，他五歲大的兒子是如何讓他的保姆懷孕的。

索力大喊說：「但這是不可能的！」

困窘的魯本回答說：「不幸的是，它確實發生了。那個小傢伙把我所有的保險套都戳了一個洞。」

這是一個非常奇怪的世界。我曾經聽過一個寓言，非常古老的寓言：「神在製造女人的時候少了一份幽默感，所以她們可以愛男人，卻不會嘲笑他們。」

有一天晚上，海米·金伯格坐在酒吧裡，然後一個坐在他旁邊的男人滑倒跌在地板上。

海米覺得那個男人絕對沒有辦法自己回到家，所以他從對方的錢包裡找到他的地址，決定幫忙他回家。海米一隻手臂環著那個男人的腰，嘗試朝著酒吧的大門移動。但是那個男人根本站不起來，馬上又倒了下去。

海米抱怨著：「你這個醉鬼，你他媽的為什麼不早點停止？」那個男人喃喃自語著，但是海米沒有聽他說話的心情。覺得自己就像泰瑞莎修女一樣的正義，海米把那個男人扛上肩膀，把他扛回家。憤怒的敲門，當一個女士來開門的時候，海米大步跨進門，把那個男人扔在沙發上。

海米對那個女士說：「這是你先生。如果我是你，我會鄭重的跟他談一談他喝酒的問題。」

那個女士承諾說：「我會的。」然後她看了看門外，繼續問說：「但是請告訴我。他的輪椅在哪裡？」

這是一個荒謬的世界——所有一切都是這麼地無意識！唯一值得記得的是：不要錯

過你現有的機會，發展你的意識，直到你能夠擁有跟佛陀一樣的視野、擁有一樣的清晰度、擁有一樣的直覺、一樣的領悟。除非你變得那般覺醒，不然你的生命會一次又一次重複同樣的錯誤。一個無意識的人沒有辦法期待改變自己生命的路徑。只有意識，不斷成長的意識，能夠改變你生命的型態。而一旦當你全然覺醒、開悟時，你就不需要再次回到另外一個子宮。一個開悟的存在會消失在這個宇宙的子宮裡。不是你不在了，而是事實上，你第一次，跟這個宇宙一樣地遼闊，一樣地永恆，無邊無際，不斷地擴展。

你所有的悲慘在於你是如此地遼闊，卻被迫進入這個狹小的身體，進入這個狹小的頭腦，進入這個狹小的心。你的愛想要擴展，但是你的心太渺小了。你的清晰想要變得跟天空一樣地清澈無雲，但是你的頭太渺小、太擁擠了。你的本性存在想要擁有翅膀，能夠像老鷹一樣地飛越太陽，但是它受到局限——有三道牆圍繞著它；它幾乎沒有辦法脫離這個監獄。

東方一直在一件事情上下功夫——這就是為什麼東方不曾創造出那麼多的科學與科技，因為它所有的天才只關注一件事情，而那就是你本性存在最深的核心。他們不是講求客體性的人。他們越來越感興趣的是主體性。東方找到了這把金色的鑰匙。它可以為你打開門通往永恆的喜樂、通往那隱藏在存在裡的輝煌，讓你接受到來自各方的禮物。

你不是一個悲慘的生物。你的內在攜帶著一個神，而你需要發現那個神。這是我唯一相信的奇蹟，唯一的神奇。所有其他的奇蹟都是胡扯。

問題

當我看著你的時候，有時候我看到如孩子般的天真閃耀著，那是一種我會稱之為愛的溫暖。又有些時候，我看到的是一片遼闊的空無，有如夜空般地涼爽、清澈與空遠。這兩種品質都在你的內在嗎？這兩種品質都在我的內在嗎？這似乎是不可能但卻又是真實的。

你碰到了一個非常重要的真實。你所看到的這份孩子般的天真以及愛的溫暖，跟「遼闊的空無，有如夜空般地涼爽、清澈與空遠」，它們彼此並不是矛盾的。事實上，它們是同一個銅板的兩面。如果你變得像孩子一樣、天真，你的內在會有著溫暖與愛。然而在銅板的另外一面，你會有著就像是涼爽、高遠的空無，就跟充滿星辰的夜空一樣。

這兩者是同時發生的。首先發生的是——這份涼爽、這份空無——然後是這份孩子般的天真所帶來的溫暖。不過，就理智而言，要了解這種看起來完全相反的現象永遠都是困難的。

比如說，如果你挖掘玫瑰花叢的根，你沒有辦法想像這些根跟玫瑰花有任何關連。那些根看起來很醜。玫瑰花和它的根看起來沒有任何相似之處。但是那些根給予玫瑰花養分與生命。是那些根賦予玫瑰花色澤、生命力、溫暖以及美。

生命裡充滿了這種看起來相反的事物。這是你內在的相對性：如果你的內在，你變得像是星辰之夜一樣地涼爽——空無、高遠——這會是你的根；然後你孩子般的天真、溫暖與愛，會是你花朵的呈現。它們無法分離而存在。

這在我的內在，而這些品質也在你的內在。一旦你開始覺知到這個現象，不需要多久，你會開始明瞭你內在這同樣的根與玫瑰。除非你從內在經驗過這一點，否則你是無法領會的——不是智性上的，而是實存性的。但是你的確巧遇到一個無比重要的真實。

你說：「這似乎是不可能但卻又是真實的。」真實是不可能的，但是不論如何它發生了。它只是看起來不可能，但是那是我們的根本潛能。存在充滿了如此多的奧祕：永遠不要認為不可能。每件事情都是可能的。不可能的只是頭腦的概念而已。

你可以了解這些綠樹是如何向上生長，違抗地心引力的嗎？那是不可能的。但是它們設法辦到了，而且還非常地好，這個世界上的所有樹木都是如此，而且它們從來沒有想過地心引力這回事，它們根本不在意。科學家曾經感到非常困擾，有些樹木可以成長到一百五十五英尺高。不只是那些樹木，還有樹木的汁液、水分必須在樹木沒有任何抽水系統的狀況下往上移動。它們是怎麼辦到的？沒有電動抽水機，你沒有辦法讓水上升一百五十五英尺高。

但是那些樹木有著它們自己的奧祕，而那是如此地微妙，當科學家意識到這一點時，他們沒有辦法相信：上百萬年來，這些樹木——無知、未受過教育、對於科學一無所知——卻創造了這樣一個奇蹟。這個奇蹟是：每棵樹木的頂端都在尋找著陽光……那就是它們的祕訣：每棵樹木都在尋找陽光。所以每當那些樹木成長的越來越粗壯時，樹木也會成長的越來越高大。那是一種競爭。誰長的越高，誰就能存活的越久。

它們在尋找陽光，而陽光會從樹頂蒸發掉水分。它是一個連結在一起的管道；就像是吸水墨紙一樣。當樹頂的水分被太陽蒸發時，樹頂會變乾，吸水墨紙變乾。然後它會不斷地從下方汲取水分，然後第二層的吸水墨紙變乾了。也因為第二層的吸水墨紙變乾了，它會從更下方的地方汲取水分。

透過這種方法，一棵一百五十五英尺高的樹木不斷地在沒有抽水系統的情況下輸送水分。

但是它需要太陽，否則它會死亡。是太陽在對抗地心引力。那些樹木跟太陽結合在一起形成一個共謀，對抗著地心引力。透過太陽的協助，它成長的越來越高，從樹根汲取到水分。

人們發現樹根有著某種甚至連人類都沒有的敏感度。少數一些人擁有這種敏感度。你必然聽說過有些人可以四處走動，然後他可以告訴你從哪裡找到水。但是這些人其實也是藉由樹木的協助，只是你沒有注意到而已。他們總是帶著一根樹枝，一根剛從樹上切下來的樹枝，握在手裡。其中的祕訣就在於他們手裡握著的樹枝。他們的手非常敏感。他們對於水一無所知，但是那根樹枝知道。所以每當樹枝在他們手裡微微顫動時——非常細微，你是無法看到的，但是他們可以感受到那個顫動——那根樹枝對於哪裡有水分非常感興趣。

他們欺騙人們，他們試著顯示自己可以製造出奇蹟。但是那不是奇蹟，那只是樹木一直在運用的一種方法。不論哪裡有水分，樹枝就一定會朝著那裡移動。而他們只需要對樹枝保持敏感，感受它朝著哪裡移動，哪一邊，指向哪裡。他們會四處繞圈，一次又一次，在同一個區域，直到他們完全確定在那一點，你可以找到水源。

人們發現樹木的根可以移動一百英尺以上的距離，只為了找到水源。但是它們是如何設法知道往南還是往北一百英尺會有水呢？而且奇怪的是，即使是水管裡流動的水，即使隔著一百英尺的距離。那些樹木的根對於水是如此地敏感，以至於即使是水管裡的水，它們都可以感知到它。人們發現那些樹根甚至會破開水管。它們會伸入水管，開始為了它們自己而喝你的水，然後傳送到一百五十五英尺的高度。那是一種偷竊，而且它們還不會支付任何費用。它們不在意你的自來水公司。但是它們設法辦到了。

我們在美國的社區是在一片沙漠裡。只有一種樹能夠在那片沙漠裡生長。那種樹木已經學習到存活在沙漠裡的方式，它已經適應了沙漠的生活。就像是駱駝適應了沙漠一樣，那些樹也適應了。它們的策略就是——因為就它們的根而言，它們找不到任何的水分——從空氣中聚集水氣，特別是在晚上，當沙漠變得涼爽時，空氣會變得濕潤、潮濕。從每一片葉子，從每一根樹枝，它們吸收那些水氣，而那是它們唯一的存活方式。它們不使用樹根，因為就樹根而言，那是純粹的沙漠；沙土裡完全沒有任何水分。但是它們學習到新的方法——不過是相反的——透過葉子來吸收濕氣。

一般的樹木是從樹根吸收水分，然後水份透過樹葉而蒸發。但是沙漠裡的樹木卻以全然相反的方式來運作。它們不透過樹根吸收水分。它們只透過樹根來保持直立，支持它們保持挺直——就這樣而已。在夜晚吸收空氣裡的水氣，這是一種極度聰明的方式，而它們存活的很好。

認為存在並不聰慧是一種錯誤的想法。存在要遠比你能夠想像的更為聰慧。存在的整個運作裡充滿了聰慧，沒有什麼事情是不可能的。你只需要找到對的方式，然後不可能會變得可能。

你的頭腦有一點膽小。你的頭腦想要事情來符合它，它想要所有一切來符合它自己的條件。那讓很多事情都變得不可能。你需要學習不強迫存在來符合你。那是非宗教性的，而且你是不會贏的。

宗教的方式是保持謙虛並且根據存在的方式來運作。就是讓自己是自然的，讓自然來決定你存在的路徑。而自然有著無比的聰慧。它讓你誕生，它給予你生命，它給予你聰慧。除非那是一片聰慧的海洋，否則你要從哪裡獲得你的聰慧呢？跟這整個宇宙的聰慧相比，很顯然地，你的聰慧是渺小的。

這是我的經驗，這兩件事情是一體的。一個寧靜的空無、高遠的涼爽……但是記得不要把我說的話聽成「冷漠」；我把它稱為涼爽。冷漠是全然不同的一件事：冷漠是封閉的。涼爽不是一種封閉的經驗，它是非常生動的、非常敞開的，就像是一陣不斷吹拂著你的微風。你無時無刻都在復甦更新著──那就是為什麼你是涼爽的。

也因為你是高遠的，因此你是天真的。否則你無法是天真的。因為你每個片刻都是天真、活生生與鮮活的，因此一種溫暖的愛會出現在你身上，而它沒有任何特定的對象——就像是一種芬芳。任何保持敞開的人都會在其中感到歡欣。

我想要我的人能夠讓那些不可能的變得可能。當那些不可能的開始變得可能時，你對於 Sat-Chit-Anand——真、意識與喜樂——會有一種全然實存性的了解。

結語

每一條河流都會抵達海洋，每一條河流都會在毫無指引、毫無地圖的狀況下抵達海洋。人也會抵達海洋，但是人在路途中會受到干擾；而在這條路上有著上千種干擾。那些指引和師父的目的不是要帶領你抵達海洋——這一點它會自行發生；師父的作用是讓你保持警覺，不會在路上受到干擾，因為路上會有著上千種事物吸引你。

河流不斷地流動著。一棵美好的樹木出現了——這條河流享受這棵樹，然後繼續流動；它不會執著於那棵樹木，否則它的流動會停止。河流經過了一座美好的山巒，但是它繼續流動……帶著全然地感謝，帶著對山巒的感激，也喜悅於它流經過山巒時所出現的那些歌曲和舞蹈。感謝，當然會感謝，但是完全不執著。它繼續流動……它的流動不會停止。

人類意識的問題在於當你遇到一棵美麗的樹木時，你想要把你的家安頓在這裡；這時候，你不想再去到別的地方。你遇到一個美好的男人或女人，你變得執著。你需要師父一次又一次地提醒你：不要執著於任何事情。當然，這並不表示你不能享受事物。事實上，如果你變得執著，你將無法享受；只有當你無所執著、不被束縛時，你才能夠享受。

執著摧毀所有的喜悅，因為沒有人能夠享受任何會帶來束縛的事物，那違反我們內在的本性存在。我們的本性存在渴望自由，所以不論什麼阻礙了我們的自由，我們都會對它感到憤怒。這就是為什麼我們熱愛爭吵，不斷地爭執：人們對彼此感到憤怒，而他們的憤怒是因為他們受到彼此的束縛。他們不見得意識到自己為什麼爭執。他們可能會找到細微的藉口來爭吵。那些藉口毫無意義——最根本的原因在於他們已經變得如此執著於彼此，而這份執著帶來束縛，束縛是醜陋的，沒有人想要成為一個奴隸。

我的整個教導包含兩部分：如何在愛裡，仍然保持自由——自由與愛。聰慧的人能夠同時保有兩者，而不需要犧牲其中任何一方。那些為了愛而犧牲自由的人是愚蠢的。那些為了自由而犧牲愛的人；他也是愚蠢的。這兩種極端的人都是愚蠢的，因為他們不曾顯示出任何聰慧的跡象。聰慧意味著你可以擁有蛋糕，並且享受那個蛋糕；唯有如此你才是聰慧的。

愛與自由是絕對和諧的；沒有問題的。自由與愛是和諧的；沒有問題的。事實上，愛無法沒有自由而存在——遲早它會死亡。而自由無法沒有愛而存在；它們滋養彼此。當然，在它們之間沒有因果的關係問題，而是容格所說的「同步性」：以一種微妙、奧祕的方式，它們滋養彼此。雖然沒有明顯的橋樑，但是如果其中一方存在，那麼另外一方也需要存在。如果只有一方存在，那麼它只能持續短暫的時間，然後它會消失。所以，成為一條河流，朝著海洋流動，朝著神流動，朝著永恆流動，在這同時，全然地熱愛你所經過的兩岸……那些樹木、那些山巒、那些日夜與人們。全然地熱愛所有一切，卻不糾結於任何一處；不讓你的流動受到阻礙。

一個可以同時擁有愛與自由的人是明智的。而透過靜心，這是可能的。靜心是解鎖愛、解鎖自由的關鍵；它是最終的鑰匙。

原文書名：*The Power of Love,* by OSHO

本書為奧修對聽眾所作的許多演講內容之整理，所有奧修演講皆有書籍出版以及原始錄音存檔，可透過奧修線上圖書館www.osho.com找到錄音檔案和完整的文字檔案。

奧修靈性智慧 14

愛的力量

The Power of Love

作者 奧修OSHO
譯者 Sevita
編輯顧問 舞鶴
責任編輯 林秀梅

國際版權 吳玲緯 蔡傳宜
行銷 艾青荷 蘇莞婷 黃家瑜
業務 李再星 陳玫潾 陳美燕 馮逸華
副總編輯 林秀梅
編輯總監 劉麗真
總經理 陳逸瑛
發行人 涂玉雲
出版 麥田出版
城邦文化事業股份有限公司
104 台北市民生東路二段141號5樓
電話：（886）2-2500-7696 傳真：（886）2-2500-1967
發行 英屬蓋曼群島商家庭傳媒股份有限公司城邦分公司
104台北市民生東路二段141號11樓
書虫客服服務專線：（886）2-2500-7718、2500-7719
24小時傳真服務：（886）2-2500-1990、2500-1991
服務時間：週一至週五09:30-12:00・13:30-17:00
郵撥帳號：19863813 戶名：書虫股份有限公司
讀者服務信箱E-mail：service@readingclub.com.tw
麥田部落格：http://blog.pixnet.net/ryefield
麥田出版Facebook：https://www.facebook.com/RyeField.Cite/
香港發行所 城邦（香港）出版集團有限公司
香港灣仔駱克道193號東超商業中心1樓
電話：（852）2508-6231 傳真：（852）2578-9337
E-mail：hkcite@biznetvigator.com
馬新發行所 城邦（馬新）出版集團【Cite（M） Sdn. Bhd （458372U）】
41, Jalan Radin Anum, Bandar Baru Sri Petaling,
57000 Kuala Lumpur, Malaysia.
電話：（603）9057-8822 傳真：（603）9057-6622
E-mail:cite@cite.com.my

設計 黃瑪琍
奧修照片提供 Osho International Foundation
排版 宸遠彩藝有限公司
印刷 沐春行銷創意有限公司

2018年5月29日 初版一刷

定價／320元
ISBN 978-986-344-555-5

國家圖書館出版品預行編目資料

愛的力量 / 奧修(Osho)著 ; Sevita譯. -- 初版. -- 臺北市 : 麥田出版 : 家庭傳媒城邦分公司發行, 2018.06
面； 公分. --(奧修靈性智慧 ; 14)
譯自：The Power of Love
ISBN 978-986-344-555-5(平裝)

1. 靈修 2. 愛

192.1 107005775